农村换届审计

谭 湘 主编

·广州·

图书在版编目（CIP）数据

农村换届审计/谭湘主编．—广州：华南理工大学出版社，2015.1
ISBN 978-7-5623-4502-2

Ⅰ．①农… Ⅱ．①谭… Ⅲ．①农村经济－审计－中国 Ⅳ．①F239.61

中国版本图书馆 CIP 数据核字（2014）第 296819 号

农村换届审计

谭湘　主编

出　版　人：韩中伟
出版发行：华南理工大学出版社
（广州五山华南理工大学 17 号楼，邮编 510640）
http://www.scutpress.com.cn　E－mail: scutc13@scut.edu.cn
营销部电话：020－87113487　87111048（传真）
责任编辑：袁　泽
印　刷　者：广东省农垦总局印刷厂
开　　　本：787mm×1092mm　1/16　印张：13.5　字数：288 千
版　　　次：2015 年 1 月第 1 版　2015 年 1 月第 1 次印刷
印　　　数：1～1000 册
定　　　价：35.00 元

版权所有　盗版必究　印装差错　负责调换

前　　言

农村换届审计是农村经济监督的重要手段，也是村级组织换届选举前的一项基础性工作。做好换届前村级财务收支与经营成果审计，有利于促进农民群众选出作风正派、廉洁公正、为农民办实事的村干部、村班子，有利于强化村级财务管理的监督约束机制，促进农村基层党风廉政建设，健全和完善村级财务公开和民主管理制度，促进农村集体经济发展和农村社会的和谐稳定。

为了推进农村审计规范化，提高农村审计水平，在国家和广东省两级财政、教育部门的支持下，有着丰富实践经验的基层农村审计人员和专家学者，一起编撰了此书，供广大农村审计工作者学习使用。本书具有以下特点：

一是创新性。本书为我国第一本系统介绍农村换届审计的著作。我国开展农村换届审计实践近20年，由于种种原因，一直没有一本系统介绍农村换届审计的专著。本书编写人员本着拓荒者的精神，耗时近3年时间，终成此稿，以期抛砖引玉。

二是实用性。本书编写人员大多为长期从事农村财务审计工作、既有较强理论基础又有丰富实践经验的农村审计业务骨干，在对长期审计实践进行系统的总结和分析研究的基础上，进一步充实和完善了审计内容和技术方法，突出了实用性和可操作性。

本书由谭湘博士任主编，撰稿人分别有：谭湘、叶丽君、张悦、张卫国、王进成、王庆成、蔡友琼、陈尧明、毛慧华、朱佳骅、刘京鹏、尹芬、彭惠、彭壤、黄佳蕾、李义伦、马滕飞、张敏、吴小珍、董肖群等。另外，本书在编写过程中还得到了广东省财政厅副厅长郑贤操、副巡视员何谢带、农财处副处长刘瑞麟、王康丰等农财专家的指点。

由于编者水平所限，书中难免存在一些缺点和错误，恳请广大读者批评指正。

编　者
2015年1月

目 录

第一章 概论 (1)
　第一节 任期经济责任审计概述 (1)
　第二节 任期经济责任审计的对象与方法 (3)
　第三节 任期经济责任审计的评价 (4)

第二章 农村换届审计的基本方法 (7)
　第一节 审计方法概述 (7)
　第二节 审计实施的一般方法 (8)
　第三节 审计实施技术 (12)
　第四节 审计实施方法的选用 (21)

第三章 农村换届审计程序 (23)
　第一节 审计程序的概念及意义 (23)
　第二节 准备阶段 (24)
　第三节 实施阶段 (28)
　第四节 报告阶段 (32)
　第五节 审计听证与行政复议 (34)

第四章 资产审计 (41)
　第一节 货币资金审计 (41)
　第二节 应收款审计 (58)
　第三节 库存物资审计 (67)
　第四节 长期投资审计 (80)
　第五节 在建工程审计 (88)
　第六节 固定资产审计 (95)

第五章 负债审计 (104)
　第一节 流动负债审计 (104)
　第二节 长期负债审计 (108)
　第三节 "一事一议"审计 (118)

第六章 所有者权益审计 (125)
　第一节 公积公益金审计 (125)
　第二节 收益分配审计 (130)

第七章 收入审计 (136)
　第一节 经营性收入 (136)
　第二节 非经营性收入审计 (149)

第八章 成本费用审计 …………………………………………（152）
　第一节　生产成本审计 ………………………………………（152）
　第二节　费用审计 ……………………………………………（155）
第九章 审计报告 ………………………………………………（170）
　第一节　审计报告的概念与种类 ……………………………（170）
　第二节　审计报告基本内容 …………………………………（171）
　第三节　审计报告的撰写 ……………………………………（172）
附录：农村换届审计案例 ……………………………………（176）

第一章 概 论

第一节 任期经济责任审计概述

一、任期经济责任审计的概念

任期目标,是指管理者在任职期间应完成的目标任务,包括经济发展目标、福利目标、工程建设目标、计划生育目标、绿化目标、内部管理目标等。而任期目标经济责任是指管理者在任职期间,所任职的单位应达到的经营目标以及对相应责权利做出规定的一种干部管理制度。任期经济责任审计是指审计机构根据农村集体经济组织、乡(镇)政府或主管部门的委托,以党和国家的法律法规、政策、农村集体经济组织(或村民委员会)的规章制度和农村干部任期目标为依据,在干部任满、升任、调离、退休或免职时,对其任职期间的经济工作成果进行鉴定,明确经济责任,客观评价其业绩的一种专门审计,又称换届审计。

二、任期经济责任审计的特点

任期经济责任审计除具有审计的一般特点外,还具有以下的特点:

(1) 职能的多样性。农村干部任期经济责任审计不仅与一般审计一样,具有经济监督的职能,而且具有对干部是否完成任期经济目标进行评价的职能,还具有对干部经济责任履行情况进行鉴证的职能。因此,它是一个多职能的审计。

(2) 内容的综合性。各类审计都有自身的侧重点和具体要求。农村干部任期经济责任审计有财务收支审计的内容,主要审查财务收支的真实性、合法性、完整性;又有财经法纪审计内容,主要审查干部任职期间的主管业务是否符合财经制度、法律法规,其个人是否遵守相关财经制度等;还有经济效益审计的内容,主要审查干部任职期间经营成果的真实性和效益情况。可见,农村干部任期经济责任制审计内容繁多全面,具有内容综合性特点。

三、任期经济责任审计的作用

农村干部任期经济责任是我国在考核农村干部制度改革中所引入的经济责任制的做法。主要是通过审计,以确定或解除其应负的责任,这种责任分为主管责任和直接责任。主管责任是指被审计的农村干部在任职期间,对农村集体经济组织或村民委员会的财务收支不真实问题、资金使用效益差的问题和其他违反财经法律法规问题应负的责任；直接责任，是指被审计的农村干部在任职期间，因其违反廉政纪律及其他违法违纪问题造成的经济损失或侵占集体资产等应负的经济责任。

农村干部任期经济责任审计是推行农村干部任期经济责任的重要保证，是建设社会主义新农村民主管理的重要措施，是维护农村集体经济利益的重要手段，对社会主义新农村建设具有重要的意义。其作用主要有如下几个方面：

（1）有利于落实和完善农村干部任期经济责任。实行干部任期目标责任制是将干部的报酬和集体经济发展状况直接挂钩，通过审计，可以了解和核实农村干部任职期间所在单位的生产经营状况，为评价干部业绩，兑现干部奖惩提供可靠的依据，使农村干部任期经济责任制落到实处。

（2）有利于维护农村集体经济组织成员的利益。由于农村集体经济组织的财产是本农村集体经济组织内所有成员的共有财产，农村干部仅仅是由本组织成员选举产生的本组织财产的管理者，因此，通过实行农村干部任期经济责任审计，使本组织成员能够了解、判断自己所选的经营管理者是否称职，是否使自己组织的财产有效运行，自己的权益有无增大和保障，从而维护农村集体经济组织成员的利益。

（3）有利于维护农村干部的合法权益。农村干部任期经济指标的完成情况，不仅取决于个人主观上的努力，还取决于农村集体经济组织成员集体的决策及各种客观因素的影响，如任前的各种遗留问题，市场价格的波动，任期目标是否合理，国家政策有无变动，以及上级的行政干预，等等。因此实行农村干部任期经济责任审计的一项重要内容，就是要分清经济责任，实事求是地评价农村干部的功过是非，给组织成员一个参考依据，同时也是兑现干部奖惩的依据，从而维护农村干部的合法权益。

一是有利于全面、公正地考察干部。实行农村干部任期经济责任审计，可以对农村干部任期内的业绩做出全面、客观、公正的评价，从而审查该干部是否具有称职的管理才能，是否遵纪守法、廉洁自律，使农村集体经济组织成员能够全面地评价该干部任职期间的业绩，确定其是否能够继续承担管理集体资产的责任。

二是有利于农村干部廉洁自律。目前，我国农村村民委员会按照《村民委员会组织法》实行民主自治，村委班子、村集体经济组织领导班子均采用村民成员选举产生，由于村委会、村集体经济组织采用民主管理、自我发展的模式，作为乡镇一级政府的管理必然有不利的情况，而且农村干部本身是农村居民，在自我管理方面确有一定的局限性。因此，通过农村干部任期经济责任审计，使农村集体经济组织、村民委员会、农村干部接受一定的监督和约束，可以促进农村干部逐步树立廉政意识，有利于农村干部清正廉洁。保护农村干部的积极性，使其受约束地管理农村集体经济组织财产。

（4）有利于建设和谐社会。我国农村面积辽阔、农民众多，随着农村经济特别是农村集体经济的不断发展，农村集体经济组织成员越来越关心自己的利益。通过农村干部任期经济责任审计，可以使农村集体经济组织成员明确了解农村集体经济组织的资产状况、财务收支、债权债务、收益数额等，避免了许多不必要的猜疑，可以密切党群、干群关系，有利于农村和谐社会的建设。

第二节　任期经济责任审计的对象与方法

一、任期经济责任审计的对象

目前，我国农村干部主要任职的单位有：①村党支部；②村民（居民）委员会；③农村经济联合社；④农村经济合作社；⑤农村股份经济联合社；⑥农村股份经济合作社；⑦村（居）民委员会下属单位等。在上述单位任职的主要干部在任职期满、升任、调离、退休或免职时，对其在单位任职期间所应负的管理责任和直接责任的审计，这些被审计单位的干部就是农村干部任期经济责任审计的对象。

二、任期经济责任审计的方法

审计工作的基本方法都适用于农村干部任期经济责任审计。鉴于农村集体经济的特点，还可以灵活运用下列方法：

（1）查账与调查研究相结合。如前所述，农村干部任期经济责任审计实际上是对农村干部及其任职单位的全面审计，除了对被审计人员任期目标经济责任进行鉴证外，还要进行财务收支审计、经济效益审计，如发现严重违法乱纪行为，还要进行财经法纪审计。因此，必须做到账内账外相结合，广泛听取群众意见，才能如实地确定被审计人员的任期目标经济责任。

（2）查账与分析资料相结合。对农村干部任期经济目标完成情况的审查，是农村干部任期目标经济责任审计的重要内容，因此，除审计财务收支、经营成果、核实财产物资以外，还必须对有关报表、资料进行分析研究。如将被审计人员任期末的主要经济指标与任期目标对比，看完成计划的情况；与任期前指标对比，看发展速度；与同行业先进单位的同期经济指标对比，看生产经营管理水平，等等。这样，就能更全面、客观地评价任期目标完成情况，并提出改进工作的建议。

（3）期满审计与年度审计相结合。农村干部任期目标经济责任制是一个执行、兑现任期目标的渐进过程。因此，审计工作也要与之相适应，加强全过程的经济监督，实行干部任期内年度审计和期满审计相结合，以便及时发现问题、解决问题，保证任期目标的全面实现。

三、任期经济责任审计工作底稿

任期经济责任审计编制的工作底稿主要有：
①固定资产及累计折旧审定表；
②经手经济业务审查表；

③审批经济收支抽查审定表;
④使用集体固定资产审查表;
⑤在任期间领取报酬审查表;
⑥任职期间执行民主决策程序审查表;
⑦民主管理规定执行情况审查表;
⑧在任期间经济目标完成情况审查表;
⑨其他财务收支审查表。

第三节 任期经济责任审计的评价

一、任期经济责任的评价指标

农村干部任期经济责任的评价指标主要采用对比指标,有如下几个方面:①净资产增长率;②集体经济收入增长率;③集体纯收入增长率;④社员分红收入增长率;⑤村民人均收入增长率;⑥管理费用对比;⑦集体资产总额增长率;⑧固定资产折旧率等。

二、任期经济责任的评价

农村干部任职期间的经济责任,可从以下三方面进行评价:

(1) 从干部在管理、使用集体资金方面应承担的责任进行评价,包括是否依法组织财务收支;是否照章纳税;是否及时清理债权、债务,保证资金的正常运转;实现的收益是否真实合法;是否按任期目标计划进行收益分配;资产资金是否完整,并按计划增值。

(2) 从干部在行使经营管理职权时有效组织经营活动、提高经济效益等方面应承担的责任进行评价,包括经营方针和决策是否科学,有无失误或造成重大损失浪费;是否建立行之有效的规章制度,并照章办事;是否合理配置生产要素,实现高效优化;是否努力增加收入、厉行节约。

(3) 从干部有无直接或间接违反财经法规的行为方面进行评价,包括是否依据党和国家的财经法规和政策办事;是否按财政部颁发的《村集体经济组织会计制度》办事;是否执行该集体经济组织的规章制度;有无侵占、挥霍、拖欠集体资产,行贿、索贿和以权谋私的行为;有无官僚主义、失职而给集体经济造成重大损失、浪费的问题等。在对农村干部任期目标经济责任进行审计评议时,由于涉及对人的评议,因而在审议过程中,必须实事求是、客观公正,既要揭露问题,也要肯定成绩;在确定经济责任时,必须分清前任和现任、个人与集体、主观和客观、失误和舞弊等责任界限,同时对评议的有关责任人要广泛听取群众意见,正确提出处理建议。对干部任职期间的经济责任审计及评议情况,要向委托机关或主管部门报告审计结论和提出处理意见。

三、任期经济责任审计的内容

对农村干部任期经济责任的审计，离不开对其任职单位在任期间的资产管理、经营活动的审查。因此农村干部任期经济责任审计应包括以下两方面内容。

（一）主管责任审计

（1）内部控制制度建立执行情况，主要审查：①是否建立健全资产管理制度；②是否建立合法合理的财务管理制度；③是否建立资产发包制度；④是否建立基建工程招、投标制度；⑤是否建立合同管理制度；⑥是否建立民主理财制度；⑦是否建立财务公开制度；⑧是否建立民主议事制度；⑨是否建立征地补偿款使用制度；⑩上述制度是否可行。

（2）财务收支情况，主要审查所在单位财务收支的合法性，经营成果的真实性、效益性。其审计内容已在本章有关章节专门作了阐述，这里只列举在进行农村干部任期目标责任制审计时审计人员必须密切关注的几个问题：①征地补偿款的使用是否专款专用；②非生产性开支有无超出有关规定；③上级下拨专款是否做到专款专用；④有无将生产费用列入固定资产购置费，形成虚增收益；⑤有无固定资产未计提折旧情况；⑥有无已完工验收或已交付使用固定资产仍挂在建工程，致使少提折旧、多计收益情况；⑦有无采用多报干部、职工或临时工人数的办法，冒领工资问题等。

（3）资产状况。农村集体资产是全体成员共有资产，是农村集体经济组织生产经营的经济基础，集体资产是否完整和增值，使用是否合理，直接影响生产经营成果的好坏和收益水平的高低。实行农村干部任期目标经济责任制后，一些干部为了追求任期内经济效益，对集体资产的管理采取短期行为，这种短期行为所造成的损失将远远超过所增加的收入，如拍卖固定资产、生产性资产等，是得不偿失的。因此，进行农村干部任期经济目标经济责任审计时，必须对集体资产的完整、完好和增减情况加以审查，审查应重点注意以下几点：①短期投资、长期投资是否真实，投资收益水平如何，投资程序是否符合民主决策程序；②固定资产、林业资产、牲畜（禽）资产、库存物资是否真实存在；③资产总额、净资产总额对比任职期间是增是减，幅度多少；④应收款、内部往来是否真实存在，是否仍可收回；⑤在建工程是否真实存在，其价值是否可以确认；⑥生产成本核算是否正确，数额是否准确。

（4）债权债务情况。农村集体经济组织等单位在生产经营管理过程中，存在一定数量的债权、债务是正常的。但是，由于债权、债务本身是一种资产的暂时转让关系，在一定程度上可以掩盖真实的经营状况，因而以债权、债务名义截留或虚报收入，隐瞒真实经营成果是常用的手法。因此，对债权、债务的增减变化或拖欠占用情况的审查，是农村干部任期目标经济责任制的一项重要内容。债权、债务的审查主要是真实性、合法性审查，审计人员应注意以下几个问题：①干部是否在任职期间占用集体资金；②是否因利益关系而瞒收、少收承包款、收益款等；③债务是否真实，其形成的过程是否符合手续；④债务是否已全面入账，有无未入账债务；⑤有无利用往来账报销不正当费用情况；⑥福利费是否已按规定计提；⑦成员分红是否经过成员代表大会决议；⑧借款利息在任期间是否已真实挂账、支付等。

（5）经营成果的真实性。经营成果是否真实，直接关系到农村干部在任期间的奖惩问题，因此，审计人员对经营成果的审查应注意以下几个问题：①农村集体经济组织收入是否真实、完整；②总费用是否全部入账，有无存在未入账费用支出情况；③公积公益金、应付福利费是否按规定程序足额提取；④干部奖金是否按规定提取、发放；⑤成员分红是否按规定程序足额提取发放。

（二）直接责任审计

农村干部任职期间的直接责任是农村干部在任职期间对其本人侵占集体资产、违反廉政规定及其他违法违纪问题应负的经济责任。直接责任审查主要应注意如下几个方面：

①干部本人的工资、奖金等报酬是否真实，是否符合有关规定；

②有无利用职权在集体资产发包、工程建设项目招标、固定资产、林木资产处置等方面索取回扣或获取其他非法收入问题；

③有无将本人或其亲属的生产、生活费用混入生产支出中报销；

④干部本人保管、使用的固定资产是否安全、完整；

⑤有无超越审批权限审批支出；

⑥有无超越审批权限审批资产的盘盈、盘亏、毁损、冲销等；

⑦交通工具费用是否按规定报销，其费用水平是否正常等；

⑧其他应审查的事项。

第二章 农村换届审计的基本方法

第一节 审计方法概述

一、审计方法的涵义

审计方法,是指为了行使审计职能、完成审计任务、达到审计目标所采取的方式、手段和技术的总称。审计方法贯穿于整个审计工作过程,而不只存在于某一审计阶段或某几个环节。

审计方法分狭义和广义两种。狭义的审计方法是审计人员为取得充分有效审计证据而采取的一切技术手段。广义的审计方法是指整个审计过程中所运用的各种方式、方法、手段、技术等,形成审计方法体系,包括审计规划方法、审计实施方法和审计管理方法。

二、审计方法体系

(一)审计规划方法

审计规划方法,是指对全部审计活动或某个具体审计项目进行合理组织和安排时所采用的各种方法。其主要内容包括审计计划制定方法、审计程序确定方法、审计方案设计方法等。

(1)审计计划制定方法,主要指如何设计审计总体目标及对审计活动的安排。

(2)审计程序确定方法,主要指对一般审计步骤的设计问题,包括对审计准备、实施与结束工作的具体安排。

(3)审计方案设计方法,主要指对具体审计项目进行审计的要点、审计顺序、审计时间、人员分工部署等的安排。

(二)审计实施方法

审计实施方法,是指对被审计单位或被审计项目进行具体审计时所采用的各种程序、措施和手段。审计实施方法是审计最基本的方法,既包括了一定的程序,又包括了各种技术手段,主要内容包括审核稽查方法、审计记录方法、审计评价方法和审计报告方法。

(1)审核稽查方法。指搜集审计证据时所采取的各种方式和技术。它又可以分为系统检查法和审计技术两大类。系统检查法是根据系统的观点,以确定对被审计资料或被审计活动进行审查的顺序和审查的范围。如包括顺查、逆查、直查等顺序检查法和详查、抽查、重制等范围检查法。如果把系统检查法理解为是确定搜集审计证据的顺序和范围，那么审计技术方法就是为了搜集审计证据而采取的具体措施和手段。审计技术又可以根据审计工具和其适用的信息系统分为手工审计技术和计算机审计技术。

（2）审计记录方法。指对审计记录文件的设计、填制与审阅的各种方法。审计记录，有益于全面而系统地反映审计的过程和结果，为形成审计结论和决定提供充分依据，为编写审计报告提供完整的资料，同时也有利于确定审计人员审计行为的恰当性和应负的责任范围。

审计记录文件，有审计人员日记和审计工作底稿之分。

（3）审计评价方法。指根据查明的事实，对照审计标准以判定是非良莠的方法。通过审计评价，可以确定被审计资料是否真实、正确和可信，以及确定被审计经济业务和经济活动是否合法、合理和有效。审计评价方法根据其适用范围的大小可分为一般评价方法和特定评价方法。一般评价方法是指适用于对各种被审计项目进行评价的程序和技术。特定评价方法是指只适用于对某些具体对象的评价要点与要求。

（4）审计报告方法。指对审计报告进行设计、编写与审计的方法。审计报告方法，有利于对每次审计活动的过程和结果进行综合而有重点的反映，便于审计委托单位或审计机关对被审计单位或被审计项目做出正确的结论和处理决定，便于被审计单位及有关部门了解审计结果以及明确各自的责任范围。

（三）审计管理方法

审计管理方法，是指对审计主体活动及审计过程进行控制和调节的各种措施与手段，其目的在于避免审计风险，提高审计质量和审计效率，保证各种审计资源得到有效的使用。管理内容主要有审计主体、审计质量和审计信息等。

（1）审计主体管理方法。主要是指对审计机构和审计人员的管理方法，如机构设置、人员编制、岗位责任、人员培训考核等管理方法。

（2）审计质量管理方法。主要是指质量标准制定、质量控制与考核等管理方法，如质量目标管理、审计过程监控等，其目的在于制约影响质量的各种消极因素，以力求提高审计质量，避免或减少审计风险。

（3）审计信息管理方法。是指对审计信息收集、处理、存储与应用的各种措施和手段，如信息管理的一般方法、审计统计方法、审计档案管理方法等，其目的在于保证审计信息资源得到有效的开发和使用，以利于沟通审计情况，更好地发挥审计在宏观管理方面的作用。

第二节　审计实施的一般方法

审计实施的一般方法，也称审计的基本方法，是指与检查取证的程序和范围有关的方法。

审计实施的一般方法又可分为程序检查法和范围检查法两类。程序检查法是指按照什么样的顺序依次进行检查的方法，如顺查法、逆查法、插入法等。范围检查法是指采用什么样的审计手段在什么样的范围之内进行检查取证的方法，如详查法、抽查法、重制法等。

一、程序检查法

（一）顺查法

顺查法，是指按照会计业务处理的先后顺序依次进行检查的方法。顺查法也称正查法。会计人员处理会计业务的顺序是：根据审核无误的原始凭证编制记账凭证；根据记账凭证分别记入明细账、日记账和总账；最后根据账簿记录编制会计报表。顺查法审计顺序与会计业务处理顺序基本一致。其具体步骤如下：

①审阅和分析原始凭证，旨在查明反映经济业务的原始凭证是否正确可靠；

②查阅记账凭证并与原始凭证核对，旨在查明记账凭证是否正确以及与原始凭证是否相符；

③审阅明细账、日记账并与记账凭证（或原始凭证）核对，旨在查明明细账、日记账记录是否正确无误以及与凭证内容是否相符；

④审阅总账并与相关明细账、日记账余额核对，旨在查明总账记录是否正确以及与明细账、日记账是否相符；

⑤审阅和分析会计报表并与有关总账和明细账核对，旨在查明会计报表的正确性以及与账簿记录是否相符；

⑥根据会计记录抽查盘点实物和核对债权债务，以验证债权债务是否正确、实物是否完整。

（二）逆查法

逆查法亦称倒查法或者溯源法，是指按照会计业务处理程序完全相反的方向，依次进行检查的方法。逆查法的基本做法与顺查法相反。其具体步骤如下：

①审阅和分析会计报表，旨在确定会计报表的正确性和判断哪些方面可能存在问题以及检查的必要性；

②根据会计报表分析所确定的重点审查项目，检查总账和相关的明细账、日记账，旨在从账项记录上查明问题的来龙去脉；

③审阅和分析总账并与相关明细账、日记账核对，旨在发现总账上可能存在的问题并通过明细账和日记账进行验证；

④审阅和分析明细账、日记账并与记账凭证或原始凭证核对，旨在发现明细账、日记账上可能存在的问题并通过明细账、日记账进行验证；

⑤审阅和分析记账凭证并与原始凭证核对，旨在发现记账凭证上存在的问题并通过原始凭证进行验证；

⑥审阅和分析原始凭证并抽查有关财产物资及债权债务，旨在确定被查事项的真相。

（三）插入法

插入法是相对于顺查法和逆查法而言的，它是指直接从有关明细账的审阅和分析开始的一种审计方法。该种方法在检查明细账以后，可根据需要审核记账凭证及所附的原始凭证，或审核总账与报表等。具体步骤如下：

（1）根据审计的具体目标，确定需要审查的明细账。如果确定的明细账与审计目标无关，则将造成审计资源的浪费，影响审计工作的效率和审计本身的效益；若未能将与审计目标有关的明细账确定在审查范围之内，则审计目标也很难达成。因此，有必要根据经济活动本身的内在联系或逻辑关系和审计人员自身积累的经验来判断确定与审计目标相关的明细账。

（2）审阅并分析明细账。

①审阅明细账的设置是否符合会计制度的要求和本单位的实际情况；

②审阅账户的格式是否符合要求，采用的形式是否合理；

③审阅明细账的摘要是否清楚，有无含糊不清或过简的情况；

④审阅明细账发生额是否合理，有无超出常规的问题；

⑤审阅明细账余额是否合理，有无正常情况下不应有的异常情况；

⑥审阅其他应注意的事项，包括有无提前结账的情况，红字冲销记录、更正记录、补充记录及转记记录是否正常等；

⑦对明细账中的有关实物数量和金额指标进行必要的复核。

（3）核对记账凭证及其所附的原始凭证，或核对账账、账表。根据明细账审阅与分析的疑点及线索，运用逆查追踪核对记账凭证及其所附的原始凭证，以查明账证、证证是否相符，处理是否符合制度规定。如销货退回，则应核对发票及合同和其他业务信件，以查明退货是否真实、理由能否成立、记录内容是否相符、账务处理是否真正冲销了原收入、退回的产品物资是否收妥并作了相应的账务处理等。也可采用顺查法核对账账、账表，以查明账账、账表之间是否一致。

（4）审阅分析凭证或账表。核对账证、证证、账账、账表后，不管相互之间是否一致，都应对凭证与账表进行综合分析，以彻底判明经济活动情况的真实性、合法性和合理性、有效性。

（5）根据需要再对存有疑问的债权债务进行证实，对实物进行盘点，以核实全部内容，取得充分可靠的证据。

在审计实践中，顺查法、逆查法和插入法不是彼此孤立地应用，而是几种方法综合运用，这样可以兼顾工作效率和工作质量。

二、范围检查法

（一）详查法

详查法，又称精查法或详细审计法，它是指对被审计单位被查期内的所有活动、工作部门及其经济信息资料，采取精细的审计程序，进行细密周详的审核检查。

详查法在具体做法上，通常采取逐笔检查核对的办法。

详查法最大的优点是，对会计工作中的错弊行为均能揭露无遗，因而，也能够做出较精确的审计结论。但应用费时、费力，工作效率很低，审计工作成本昂贵。

（二）抽查法

抽查法指从作为特定审计对象的总体中，按照一定方法，有选择地抽出其中一部分资料进行检查，并根据其检查结果来对其余部分的正确性及恰当性进行推断的一种审计方法。

抽查法根据具体抽样方法的不同而有区别。抽查法有三种类型，即任意抽查法、判断抽查法和随机抽查法（或称统计抽查法）。

任意抽查法，指审计人员从检查的总体中任意抽取样本，既无规律可循，又无合理的根据，审计人员要承担较大的审计风险。可以说任意抽查法仅仅是为了减少审计工作量，以适应经济发展的要求而采用的权宜之计。

判断抽样法，是审计人员根据实践经验，结合审计的具体要求以及对被审计单位的了解情况，通过主观判断，从特定的审查总体中有选择、有重点地抽取部分项目进行检查，并据此来推断总体的一种抽查方法。在这种方法下，样本项目的选取依赖于审计人员的经验和分析判断能力，所以，对审计结论的可信性仍有较大的影响。

统计抽查法，是审计人员在选取样本时，根据审计工作的要求，按照随机的原则进行。统计抽查法是一种较为客观的检查方法，可以排除因主观判断失误所造成的差错。但是采用随机抽样的原则，也可能会造成样本偏倚，影响审计结论的正确程度。

抽查法最大的优点是，能使审计人员极大地提高工作效率，降低审计成本。但应用起来不大灵活，尤其是统计抽查法，更是繁琐。而且，运用抽查法做出的审计结论，与被审计单位的实际情况往往会发生偏差。在使用抽查法审计时，并不完全排除进行详细检查，只有把两者有机地结合起来，才能做到既保证审计质量又节约审计资源。

（三）重制法

重制法是在对被审单位应审经济资料进行整理重记的基础上，根据需要而进行的检查。采用重记法的前提是，由于被审单位管理混乱无法提供完整而基本正确的会计资料，无法开展正常的审计工作，只有先记账，然后才能查账。重制法的具体步骤如下：

（1）调查了解情况，确定需要重制的范围或项目。若单从会计资料方面看，可能有三种情况：一是无账型，即只有原始凭证，而无记账凭证、账簿记录及报表；二是无记账凭证型，即直接按原始凭证登记明细账及总账，同时，也无健全的报表体系；三是混乱型，即虽然有账、有证、有表，但三者之间严重不符，账实也不符。审计时，可根据具体分析，确定需要重制的范围。

（2）按照审查的期间和经济业务发生当时的有关会计制度规定进行重记。一般按照正常的会计处理程序进行，即先对有关原始凭证进行审核，再填制记账凭证并登记有关账项，然后进行结账和编表。资料的整理，既要仔细认真，又要保证采用的处理方法以及选用的制度合理。

（3）与被审单位原来的有关资料进行对照，确定差异。重新整理资料，不是审计的根本目的。因此，在资料整理出来后，应将重记所得的结果，同原来的资料结果进行比较，确定差错情况，以便发现问题。

（4）根据比较确定的情况，分析和确定需要进一步检查的范围和方法。重制法的优点是，通过对资料的整理和重记，能为查明问题提供便利条件，但费时、费力，尤其是整理资料一环，等于重复会计核算工作的全部内容，审计成本高。因此，除了对那些管理非常混乱而使凭证、账表极不健全的单位进行审计时采用该法外，其余场合不适宜采用。

第三节 审计实施技术

专门应用于具体审计证据的收集和评价的方法，称之为审计技术。审计技术主要在审计准备阶段和现场审查阶段使用，它与审计目标和审计证据有着密切的关系。不同的审计目标，只有采用不同的审计技术，才能取得必要的和充分的审计证据。

审计技术多种多样，主要包括审阅法、复核法、核对法、盘存法、函证法、观察法、鉴定法、分析性复核法、推理法、询问法、调节法等。

一、审阅法

审阅法是指通过对被审计单位有关书面资料进行仔细观察和阅读来取得审计证据的一种审计技术。审阅法主要用于对各种书面资料的审查，以取得书面证据。书面资料主要包括会计资料和其他相关资料。

1. 会计资料的审阅

会计资料包括会计凭证、会计账簿和会计报表。对它们的审阅应注意如下要点：

①会计资料本身外在形式是否符合有关法律法规的规定；

②会计资料记录是否符合要求；

③会计资料反映的经济活动是否合法、真实、正确、合理；

④有关书面资料之间的勾稽关系是否存在、金额是否正确，等等。

2. 其他资料的审阅

对会计资料以外的其他资料进行审阅，往往是为了获取进一步的信息。至于到底需要审阅哪些资料，则应视审计时的具体情况而定。必要时，应审阅的其他资料通常包括有关法规文件、内部规章制度、计划预算资料、经济合同、协议书、委托书、考勤记录、生产记录、各种消耗定额、出车记录，等等。

3. 审阅的技巧

审阅的主要目的，是通过对有关资料的仔细观察和阅读，以便发现一些疑点和线索，进而抓住重点，缩小检查范围。这就要求掌握一定的审阅技巧。

（1）从有关数据的增减变动有无异常，来鉴别判断被审计单位可能在哪些方面存在问题。运用审阅法从异常数方面着手，来发现有无问题时，具体可从三个方面来衡量：从数据增减变动幅度的大小来衡量；从数据本身的正负方向上来衡量；从相关数据之间的变化关系来衡量。

（2）从会计资料和其他资料反映经济活动的真实程度，来鉴别判断被审计单位有无问题。

（3）从会计账户对应关系的正确性，来鉴别判断被审计单位有无问题。

（4）从时间上有无异常，来分析判断被审计单位是否存在问题。

（5）从单位购销活动有无异常，来鉴别判断被审计单位有无问题。

（6）从业务经办人的业务能力、工作态度以及思想品德，来鉴别判断可能存在的问题。

（7）从资料本身应具备的要素内容，去鉴别判断问题存在的可能性。

二、复核法

复核法，又称复算法或重新计算法，是审计人员对被审计单位的原始凭证及会计记录中的数据的验算或另行计算。

1. 会计数据的复核

会计数据的复核，主要是指对有关会计资料提供的数据进行的复核。

（1）会计凭证复核。

①复核原始凭证上的数据、单价与金额的计算有无错误，涉及多个子项的原始凭证，注意复核其合计是否正确，对于自制的付款凭证，如工资结算凭证，更应注意，以防有诈；

②复核记账凭证所附原始凭证的金额合计是否正确；

③复核记账凭证汇总表（科目汇总表）是否正确；

④复核转账凭证上转记金额计算是否正确；

⑤复核成本计算中有关费用的归集与分配，以及单位成本的计算有无错误等。

（2）会计账簿复核。

①复核明细账、日记账、总账的本期借贷发生额的计算是否正确；

②复核各账户余额的计算有无错误，尤其是应注意现金日记账和有关实物明细

账的复核,以防利用记账技巧进行舞弊;

③复核有关明细账余额之和的计算有无错误。

(3) 会计报表复核。

①复核资产负债表中的小计数、合计数及总计数的计算是否正确;

②复核其他报表有关栏和行的合计,以及最后的总计计算有无错误;

③复核各报表补充资料中有关指标的计算是否正确。

2. 其他数据的复核

主要是对一些重要指标的复核,如实际工作时间、生产任务完成情况的复核等;必要时,还应对有关预测、决策数据进行复核。

三、核对法

核对法,是指将书面资料的相关记录之间,或是书面资料的记录与实物之间,进行相互勾对以验证其是否相符的一种审计技术。通过对相关资料之间的核对,能发现可能存在的问题。

在审计中,需要相互核对的内容很多,但概括起来,主要有三个方面,即会计资料间的核对、会计资料与其他资料的核对,以及有关会计明细资料记录与实物的核对。

1. 会计资料间的核对

(1) 核对记账凭证与所附原始凭证。核对时注意两点:一是核对证与证之间的有关内容是否一致,包括经济业务内容摘要、数量、单价、金额合计等;二是核对记账凭证上载明的所附凭证张数是否相符。

(2) 核对汇总记账凭证与分录记账凭证合计,核对其是否相符。

(3) 核对记账凭证与明细账、日记账及总账,查明账证是否相符。

(4) 核对总账与所属明细账余额之和,查明账账是否相符。

(5) 核对报表与有关总账和明细账,查明账表是否相符。

(6) 核对有关报表,查明报表间的相关项目,或者总表的有关指标与明细表之间是否相符。

上述核对内容要点,可概括为证据核对、账证核对、账账核对、账表核对和表表核对。

2. 会计资料与其他资料的核对

(1) 核对账单。即将有关账面记录与第三方的账单进行核对,查明相互是否一致、有无问题。如将单位的银行存款日记账同银行的对账单进行核对,将应收应付账款与外来的对账单进行核对,等等。

(2) 核对其他原始记录。即将会计资料同其他原始记录进行相互核对,查明有无问题。这些重要的原始记录包括核准执行某项业务的文件、生产记录、实物的入库记录、出门证、出库记录、托运记录、职工名册、职工调动记录、考勤记录及有关人员的信函。在进行某些专案审计时,这种会计资料同其他原始记录之间的相互核对,尤为重要。

3. 有关会计明细资料记录与实物的核对

核对时,应将有关盘点资料同其账面记录进行核对,或是采用审计时的实地盘点获得的结果同其账面记录核对。

四、盘存法

盘存法,是指通过对有关财产物资的清点、计量,来证实账面反映的财物是否确实存在的一种审计技术。按具体做法的不同,有直接盘存法和监督盘存法两种。

直接盘存法,是指审计人员在实施审计检查时,通过亲自盘点有关财物来证实与账面记录是否相符的一种盘存方法。

监督盘存法,又称监盘,是指审计人员现场监督被审计单位各个实物资产及现金、有价证券等的盘点,并进行适当的抽查。同时,在监盘时,审计人员还应对实物资产的质量及所有权予以关注。

盘存方法主要有以下几个步骤。

1. 盘点准备工作

(1) 确定需要盘点的财物并予以封存。

(2) 调查了解有关财物的收发保管制度,并对各项制度控制功能的发挥情况做出评估,找出控制的薄弱环节,明确重点。

(3) 确定参加盘点的人员。在盘点成员中,至少要有两名审计人员、一名财务负责人和一名实物保管人,同时,还应有必要的工作人员。

(4) 结出盘点日的账面应存数,即通过审阅、复算、核对,将账面记录和计算错误予以清除。

(5) 准备记录表格,检查度量器具。

(6) 选择恰当的盘点时间。

2. 进行实地盘点

准备工作就绪,应立即着手进行盘点,对于一般的财物盘点,审计人员主要在场监督,看看工作人员是否办理了应该办理的手续,同时,注意观察有关物品的质量;对于特别重要的财物盘点,审计人员除了监督、观察外,还应进行复点,如现金的盘点、其他有价证券的盘点、贵重物品的盘点等。

盘点完毕,应将盘点所获的实际情况如实地填在事先准备好的表格上。

3. 确定盘点结果

将盘点获得的结果与账存进行比较,就能知道账实之间是否相符,以及不符的差异;若不相符,则到底存在什么问题,还要运用其他方法进一步检查落实。

盘点结果确定以后,应由所有在场人员(尤其是实物保管人、财务负责人及审计人员)在盘点表上签名,以明确责任。

盘存法主要用于各种实物的检查，如现金、有价证券、材料、产成品、在产品、库存商品、低值易耗品、包装物、固定资产等。

4．盘点注意事项

在具体运用盘存法时，应特别注意以下各点：

（1）实物盘存一般采取预告检查，如有需要也可采取突击检查方式，如果实物存放分散，应同时盘点。若不能同时盘点，则未盘点实物的保管应在审计人员的监督下进行。

（2）不能只清点实物数量，还应注意实物的所有权、质量等。

（3）任何性质的白条，都不能用来充抵库存实物。

（4）在确定盘点小组的人选时，不能完全听任被审计单位，以防串通合谋舞弊。

（5）确定盘点结果，不要轻易作结论，尤其是涉及个人的问题，更应谨慎从事。

若遇有检查日与结账日之间不一致时，应进行必要调整。

五、函证法

函证法是指审计人员根据审计的具体需要，设计出一定格式的函件并寄给有关单位和人员，根据对方的回答来获取某些资料，或对某问题予以证实的一种审计技术。

函证按要求对方回答方式的不同，又有积极函证和消极函证两种。积极函证，是指对函证的内容，不管在什么情况下，都要求对方直接以书面文件的形式向审计人员做出答复。消极函证，是指对于函证的内容，只有当对方存有异议时，才要求对方直接以书面文件形式向审计人员做出答复。至于在何种情况下应用积极函证或消极函证，一般视函证业务事项的具体情况而定。

1．函证方式的选择

函证方式有积极函证和消极函证两种方式。积极函证方式适用于以下场合：

（1）函证业务事项较为重要。一方面可以从该业务事项的金额大小来衡量，另一方面，可以从该业务事项涉及的问题性质来衡量。

（2）函证业务事项极为有限。

（3）函证业务事项延续的时间极长。

（4）对函证业务事项还存有较多疑点。

其余场合，则可采用消极函证方式。在采用消极函证的方式下，只要在规定的期限内未收到他方的答复函，则函证业务事项的实际情况与审计人员的认识是一致的。

2．函证内容的设计

在进行函证的情况下，他方是按照审计人员在函证中的具体要求来回答问题的。因此，设计出既能满足审计人员要求，又便于他人理解和回答的函件，就显得特别重要。函证应包括以下内容：①审计机关名称；②他方名称（姓名）、发函目的、函证业务事项及要求；③函证业务事项的具体内容；④审计机关及他方的签章和发函及回复的日期等。

一般而言，但凡需从其他单位获取有关材料才能达到审计目的时，就可采用函证技术。不过，对于被审计单位与其他单位有关联的情况下，采用函证技术将是无效的。

应用函证技术时应根据需要，除需选择适当的函证方式、设计恰当的函证文件以外，还应注意以下问题：①应避免由被审计单位办理与函证有关的一切事项，包括信件的封口、投递、接收等；②对于重要事项的函证，应注意保密，以防被审计单位临时采取补救措施；③在采取积极函证的方式下，如未能在规定期限内收到答复函时，应采用其他措施，或是再次发函，或是亲临核实；④为了便于控制，应对函证事项和单位开列清单，并做好相应记录。

以下为单位询证函及银行询证函的样本。

单位询证函

致：_____　　　　　　　　　　　　　　　编号：_____

本单位正接受审计，按照《××省农村集体经济审计条例》及相关审计规定要求，应当询证本单位与贵单位的往来账项，下列数额出自本单位账簿记录，如与贵单位记录相符，请在本函下端"数据证明无误"处签章证明；如有不符，请在"数据不符及需加说明事项"处详为指正。回函请直接寄至_____。

地址_____　　邮编_____　　电话_____
传真_____　（本函仅为复核账目之用，并非催款结算）。

截止日期	贵单位欠	欠贵单位	备注

若款项在上述日期之后已经付清，仍请及时函复为盼。

单位（印鉴）

数据证明无误
　签章_____　　日期_____
数据不符及需加说明事项
　签章_____　　日期_____

银行询证函

致：_____   编号：_____

  本单位正接受审计，按照《××省农村集体经济审计条例》及相关审计规定的要求，应当询证本单位与贵单位的往来账项，下列数额出自本单位账簿记录，如与贵单位记录相符，请在本函下端"数据证明无误"处签章证明；如有不符，请在"数据不符及需加说明事项"处详为指正。回函请直接寄至_____。

  地址_____ 邮编_____ 电话_____

  传真_____（本函仅为复核账目之用，并非催款结算）。

1. 存款户　　截至　　年　　月　　日

银行账号	账户性质	原币金额	备注

2. 存款户　　截至　　年　　月　　日

贷款性质	担保或抵押	贷款起止期	利率	贷款金额	备注

单位（印鉴）

数据证明无误

签章_____　　日期_____

数据不符及需加说明事项

签章_____　　日期_____

六、观察法

  观察法是指审计人员察看相关人员正在从事的活动或执行的程序，来取得审计证据的一种技术。

  观察法除应用于对被审计单位经营环境的了解以外，主要应用于内部控制制度的遵循测试和财产物资管理的调查，如有关业务的处理是否遵守了既定的程序，是否办理了应办的手续；财产物资管理是否能保证其安全完整，等等。观察法结合盘点法、询问法使用，会取得更佳的效果。

七、鉴定法

  鉴定法，是指审计人员对于需要证实的经济活动、书面资料及财产物资超出审计人员专业技术时，由审计人员另聘有关专家运用相应专门技术和知识加以鉴定证实的办法。

应用鉴定法，在聘请有关人员时，应判断被聘人员能否保持独立性，与被鉴定事项所涉及的有关方面有无利害关系。鉴定后应正式出具鉴定报告并签名，以明确责任。

八、分析性复核法

分析性复核是审计人员对被审计单位重要的相关比率或趋势进行分析和比较，包括调查异常变动以及这些重要比率或趋势与预期数额和相关信息的差异而获取初步审计线索的方法。对于异常变动项目，审计人员应重新考虑其所采用的审计方法是否合适；必要时，应追加适当的审计程序，以获取相应的审计证据。分析性复核是一项技术性较高、说服力较强的取证手段，它要求审计人员具有较高的专业判断能力和审计经验，并运用一定的方式和程序，确保检查风险降至可接受水平。

常用的分析性复核方法主要有比较分析、平衡分析、科目分析和趋势分析等。

（一）比较分析法

比较分析法，是指直接通过对有关项目之间的对比，来揭示其中的差异，并分析判断其差异形成原因的一种分析技术。

在具体应用比较分析法时，还应注意以下各点：

①对比之前，应对用来对比的被审项目有关资料内容的正确性予以认可；

②对比的各项目之间，必须具有可比性；

③应对比哪些内容，应根据比较的目的而定；

④比较揭示的差异，应加以记录并附加分析说明，为决定采用其他审计技术所用。

（二）平衡分析法

平衡分析法，是指根据复式记账原理和会计制度的规定，以及经济活动之间的内在依存关系，对应该存在内在制约关系的有关项目进行计算或测定，以检查制约关系是否存在并揭示其中有无问题的一种分析技术。由于这种分析技术通常是通过对存在依存制约关系的数据计算或测定来进行，因而也有人称它为"制度数据约定法"或"控制计算法"。

在具体应用平衡分析方法时，还应注意以下各点：

①对有关指标先进行复核，验证本身是否正确；

②分析前，应找出项目之间存在的依存制约关系；

③应掌握一些生产经营活动的基本常识，以利于对依存制约关系的发现。

（三）科目分析法

科目分析法又称账户分析法，是审计分析中的一种主要技术。它是指以会计原理为依据，对总分类账户的借方或贷方所对应的账户及其发生额和余额是否正常进行分析的一种方法。

在具体运用科目分析法时，还应注意以下各点：

①应针对被审计单位的具体情况，找出其中应该重点检查的科目；

②在编制科目分析表时，应谨慎小心，以防疏漏而导致错误的审计结论；

③必须将正常的对应科目列全，否则难以发现问题。

（四）趋势分析法

趋势分析法，亦称动态分析法，是指从发展的观点来分析研究经济活动在时间上的变动情况，从而揭示其增减变动的幅度及其发展趋势是否正常、合理、有无问题的一种分析技术。

趋势分析法既适用于财务审计中用来提示被审计经济活动有无问题，也适用于经济效益审计中用来揭示活动的发展前景。

在具体应用趋势分析时，还应特别注意以下各点：

①进行分析前，应对所要分析的各种指标本身的可比性予以认可；

②用于进行趋势分析的有关指标，在各个时期应具备可比性；

③选用的方法必须合理、恰当；

④做出分析结论时，应综合考虑各种因素的影响，决不能草率从事。

⑤分析性复核所取得的结果，可用于对内部控制测试和评估的调整；对发现异常差异要追加审计程序；对重要会计问题和重点审计领域要进行深入查证。

九、推理法

推理法，是指审计人员根据已经掌握的事实或线索，结合自身的经验并运用逻辑方法，来确定一种审计方案并推测实施后可能出现的结果的一种审计技术。

在具体应用推理时还应特别注意以下各点：

①分析、推理都应以已知的事实为依据；

②对于用来推理的基础资料，在运用推理法之前应加以核实，以防推理出错；

③对于推理得出的结论，必须通过核实取证后才能加以利用；

④在运用推理法时，应注意结合采用分析判断等方法。

十、询问法

询问法或称面询法，是指审计人员针对某个或某些问题通过直接找有关人员进行面谈，以取得必要的资料或对某一问题予以证实的一种审计技术。

按询问对象的不同，询问法可分为知情人的询问和当事人的询问两种。对知情人的询问，是指通过找有关知晓某一问题具体情况的人员进行面谈，来获得资料或证实问题。对当事人的询问，是指找有关问题的直接负责人进行面谈，来获取资料或核实问题。按询问的方式不同，又可分为个别询问和集体询问两种。

1. 询问方式的选择

（1）个别询问。即个别交谈，是指找有关人员进行单个面谈，来获取所需资料的一种询问方法。

（2）集体询问。指找多个有关人员一起面谈，来获取所需资料的一种询问方法。这种方法实际上就是通常所说的开座谈会。

总之，应采用何种方式，要根据询问内容的具体情况以及被询问者的具体情况而定。

2. 询问的策略

询问策略主要包括创造适宜的询问气氛，恰当地提出问题和注意询问技巧等。如审计人员应注意倾听被询问人的陈述，适当地引导，始终保持平易近人的态度；提出的问题要具体，要有事实依据，要有条理，用词要得当等。询问时可根据需要采用先发制人、侧面暗示、迂回进攻、攻心、巧设问等技巧。

询问法的应用比较广泛，既可用于对被审计单位有关情况的一般了解，又可用于审计证据的落实，同时还可用于针对某些书面资料或财产物资进行证实时的补充证据。

在具体应用询问法时，还应特别注意以下各点：

①审计人员应有两人以上在询问现场，以相互配合；

②已列入计划的询问对象应予保密，特别是对当事人的询问更应如此；

③询问时应认真做好询问笔录，并在询问完毕后交被询问人审阅并签名，并明确责任，防止口说无凭；

④对涉及多个当事人的询问，应单独同时进行，以防相互串通建立攻守同盟。

十一、调节法

调节法是指审查某一经济项目时，为了验证其数字是否正确，而对其中某些因素进行必要的增减调节，从而求得所需要证实的数据的一种审计技术。如前述盘存法中对材料、产品盘存日与查账日不同而采用的调节法。银行存款账户余额和银行对账单所列余额不一致时，所采用的就是调节法。

第四节 审计实施方法的选用

1. 依据审计对象和审计目标的具体情况选用审计方法

进行财务审计时，主要运用查账的方法，如审阅法、复核法、核对法、函证法等；进行经济效益审计时，则既要运用财务审计的一般方法，又要运用多种分析方法及现代管理方法，如经济活动分析、技术经济分析、决策分析和数学分析等。但就每个具体的审计项目而言，则应具体分析以后才能决定选用何种方法。

2. 依据被审计单位的实际情况选用审计方法

被审计单位情况不同，需要选用的审计方法也不相同。

3. 依据不同的审计类型选用审计方法

不同类型的审计或同一类型的不同审计项目，或是同一审计项目，可能都需要经过不同途径获取多种证据。不同证据要用不同方法才能获得。如实物证据的获得必须运用盘点法，第三方的外来证据要运用函证法或询问法等。

4. 依据审计人员的素质来选用审计方法

在选用审计方法时必须考虑审计人员的素质，即要看该审计人员的素质是否与运用该方法时所需具备的知识和能力相适应。

5. 依据审计方式选用审计方法

审计方式不同，选用的审计方法也不同。如行政事业单位实行报送审计，则一般不需要运用盘存法去核实资产（特例除外）；而进行就地审计时，则运用盘存法去核实资产的实有数，常常是必须经过的步骤。如在进行全面审计时，一般可以采用逆查法和抽查法；若进行专题审计，则一般要用详查法、顺查法等。如要真正彻底查问题，则需要很多方法配合使用。

6. 依据审计结论的保证程度和审计成本选用审计方法

审计结论的保证程度不同，需要的审计手段也各不相同，保证程度越高，审计手段也要求越高，从而也就决定了审计方法的选用。如若要保证审计结论100%可靠，则必须进行详查，其结果也就必然要综合运用各种审计方法；如果保证程度是90%，那么就可以采用抽样审查。

审计成本也决定了审计方法的选用。审计人员既要考虑成本的限制，同时又要考虑由于降低成本而对审计结论产生的影响，通过综合比较后，再决定应选用的审计方法。

7. 依据具体项目综合运用审计方法

一般而言，对某一个具体的审计项目进行审计时，并非运用某一种方法就能解决，往往需要运用多种方法。因而在审计时应结合其他审计项目综合考虑，将顺查与逆查、详查与抽查、查账与调查、分析推理与核实等方法结合运用，以彻底查清所有问题。

第三章 农村换届审计程序

第一节 审计程序的概念及意义

一、审计程序的概念

一般意义的审计程序,是指审计人员在具体的审计过程中所采取的行动和步骤,包括广义和狭义两方面的含义。广义的审计程序是指审计人员从接受审计项目开始,到审计工作结束的全部过程,一般可以划分为三个阶段:准备阶段、实施阶段和终结阶段,各个阶段中又包括许多具体的工作内容。狭义的审计程序指审计人员在取得审计证据完成审计目标的过程中所采取的步骤和方法。在一定意义上说,狭义的审计程序实际上是广义的审计程序中最重要的一部分工作步骤。

农村换届审计程序,与一般意义的审计程序略有不同。除了上述审计基本程序外,还需要根据具体情况,考虑执行审计听证程序与行政复议程序。

二、审计程序规范化的意义

审计人员在审计过程中采用恰当的审计程序是十分重要的,因为审计程序恰当与否,会直接影响到审计人员所表达的审计意见的正确性,以及审计工作的效率。如果审计人员在审计过程中忽略了必要的审计步骤,由此导致遗漏重要的审计证据,审计结论是不充分和不可靠的。相反,如果审计人员在审计过程中执行了不必要的步骤,这实际上是一种浪费,它会影响到审计工作的效率。因此,在审计实务中,审计人员都十分重视审计的程序。

审计程序的恰当与否有时很难加以确定。在审计过程中,某一审计步骤是否应该执行,是否必要,往往取决于审计人员的判断。审计人员通常借助于自己在审计工作中积累的经验,对具体的情况作出估计以确定下一步的工作。即使是经验丰富的审计人员在进行估计时,也不可避免地会存在失误。为了尽可能避免失误,各国审计组织、审计机构分别制定了审计准则,对审计人员的工作提供指导,以保证审计工作的质量。审计人员所采用的审计程序必须符合审计准则的要求,已为审计界所公认。审计程序规范化对于开展审计工作的重要意义,表现在以下几方面:

①有利于审计工作有条不紊地进行,防止工作中的忙乱;
②有利于发现和抓住被审计单位存在的问题,减少审计人员失误的可能性;
③避免工作中的疏漏,保证审计工作的质量;

④提高审计工作效率，用较少的人力和时间完成审计工作。

此外，规范化的审计程序还有利于审计机构和审计人员避免审计过程中的纠纷和法律诉讼，保护审计机构和审计人员的合法权益。

第二节 准备阶段

审计的准备阶段，是指审计机构从审计项目计划开始，到发出审计通知书为止的这一段时间。准备阶段是整个审计过程的起点和基础，准备阶段的工作做得是否充分细致，对整个项目的审计工作都会产生很大的影响。准备阶段一般可分为审计机构的准备工作和审计组的准备工作两个方面。

一、审计机构的准备工作

1. 编制审计项目计划，确定审计事项

审计机构应当根据法律、法规和国家其他有关规定，按照本级人民政府和上级审计机构要求，确定年度审计工作重点，对审计对象进行预测和分类，科学地编制审计计划，并确定审计事项。审计项目计划一般是年度计划，也就是审计机构本年度对辖区内哪些部门、单位进行审计监督的统筹安排。审计事项就是指审计项目计划中确定的具体审计事项。

2. 委派审计人员组成审计组

审计组是审计机构特派的实施审计活动的基本单位。审计事项确定以后，审计机构应根据审计事项的特点和要求，组织一定数量和质量的审计人员组成审计组。审计组实行组长负责制，其他组员在组长领导和协调下开展工作，并对分担的工作各负其责。审计组长对审计组工作全面负责，包括制定审计方案和具体实施审计检查、组织撰写审计报告等。

3. 签发审计通知书

审计机构签发的审计通知书是审计指令，不仅是给被审计单位的书面通知，而且也是审计组进驻被审计单位执行审计任务、行使审计监督的凭证和证件。根据审计法及其实施条例的规定，审计机构发出审计通知书时，应附审计文书送达回证。被审计单位收到审计通知书后，填好审计文书送达回证送（寄）审计机构。直接送达的，以被审计单位在回执上注明的签收日期为送达日期；邮寄送达的，以回执上注明的收件日期为送达日期。

审计通知书的内容包括：被审计单位名称；审计的依据、范围、内容、方式和时间；审计组长及其他成员的名单；对被审计单位配合审计工作的要求；审计机构公章及签发日期。审计机构认为需要被审计单位自查的，应当在审计通知书中写明自查内容、要求和期限。其格式如下：

【例 3 – 1】 审计通知书

×××××× （审计机构全称）

审计通知书

审通×［××］×号

关于对×××进行审计的通知

_____：

　　根据×××，决定派出审计组，自××××年××月××日起，对你单位××进行审计。请予积极配合，提供有关资料和必要的工作条件。

　　审计组长：×××

　　审计组员：×××　　×××

×××××× （审计机构全称印章）
××××年××月××日

　　抄送：××

【例 3 – 2】 专项通知书

×××××× （审计机构全称）

专项审计调查通知书

审×调通［××］×号

_____：

　　根据×××，决定派出专项审计调查组，自××××年××月××日起，对你单位××进行审计。请予积极配合，提供有关资料和必要的工作条件。

　　专项审计调查组组长：×××

　　专项审计调查组成员：×××　　×××

×××××× （审计机构全称印章）
××××年××月××日

　　抄送：××

　　审计通知书在发送被审计单位的同时，还应抄送被审计单位的上级主管部门和有关部门。

　　另外，审计机构发送审计通知书时附的审计文书送达回证，主要适用于审计机构发送审计通知书、审计报告征求意见和复议决定等审计文书时使用。审计文书送达回证应写明受送达人、送达文书名称、送达时间、送达方式。其格式如例 3 – 3 所示。

【例3-3】 送达回证

××××××（审计机构全称）
送达回证
审×复送［××］×号

受送达人：
送达文书名称：
送达时间：
送达方式：

送达回证
审×复送［××］×号

送达文书：
送达人：
送达时间：××××年××月××日
送达方式：
受送达人：（签名）　　　　　　　　　××××年××月××日
代收人：（签名）　　　　　　　　　　××××年××月××日
备注

　　审计机构向被审计单位送达审计通知书时，应当书面要求被审计单位法定代表人和财务主要人员就与审计事项有关的会计资料的真实性、合法性作出承诺，其格式如例3-4所示。在审计过程中，审计组还可以根据情况向被审计单位陆续提出书面承诺要求。审计组应将承诺书列入承诺证清单，作为审计证据编入工作底稿。

【例3-4】 被审计单位承诺书

被审计单位承诺书

索引号：

被审计单位名称		法定代表人或负责人	

根据《中华人民共和国审计法》第31条和《中华人民共和国审计法实施条例》第28条，《中华人民共和国会计法》第4条、第20条，《××省农村集体经济审计条例》之规定，在审计期间，我单位愿给予积极配合，并提供下列资料和情况：

项目	单位	数量	内容	备注
账簿				
报表				
凭证				

(续表)

承诺	以上资料为我单位　　年　月　日至　　年　月　日财务收支的全部资料，并保证其真实性和合法性。如发现有虚假、隐匿的会计资料，愿承担由此引起的全部法律责任。	
主管领导（签字） 日期：		财务负责人（签字） 日期：
备注		（被审计单位盖章） 年　月　日
审计组组长（签字）		

二、审计组的准备工作

1. 明确审计任务，学习法规，熟悉审计标准

审计组长接到任务后，应召集全组审计人员，说明该次审计的主要任务、目的和要求，提出自己的认识和打算，引导大家思考，集思广益。审计组成员还要学习完成审计任务可能涉及的财经法纪、审计法规及审计工作纪律，准确掌握审计法规标准。

2. 进行初步调查，了解被审计单位基本情况

审计组成员在其负责人的组织下，根据审计任务的要求，通过收集查阅被审计单位平时上报的资料，走访有关部门，听取各方面情况介绍，初步了解被审计单位的生产经营特点、组织机构设置等。如系再次审计，可以通过查阅原来的审计工作底稿、审计报告、审计决定等档案资料，了解被审计单位过去的经济情况、发生过哪些问题，以及是如何处理的。

3. 拟订审计工作方案

审计工作方案是实施审计的总体安排，是保证审计工作取得预期效果的有效措施，也是审计机构据以检查、控制审计工作质量及进度的依据。审计工作方案是在综合已经取得的资料和掌握的情况，以及明确审计的重要问题的基础上形成的。其主要内容包括：审计项目名称；被审计单位名称；审计目标；审计方式；编制依据；审计的范围和内容；审计要点、步骤和方法；时间进度和人员分工等。审计方案参考格式如例3-5所示。

【例 3-5】 审计方案

审计方案

被审计单位名称		审计方式	
审计项目名称		编制人员	
编制依据		编制日期	
被审计单位基本情况：			
审计目标、范围、内容与重点：			
审计项目名称			
编制依据			
审计方法与实施步骤：			
预定时间：			
审计组组长及成员：			
人员分工：			
部门负责人审批：			
主管领导审批：			

编制审计方案应当根据重要性原则，围绕审计目标，确定审计的范围、重点。审计工作方案在制定时还应留有适当余地，以便实际情况发生变化时，做出相应的调整。审计工作方案经审计组所在部门领导或审计机构主要领导批准后，由审计组负责实施。

审计组成员须准备好审计时所必需的各种物品，如审计工作记录、计算工具等。

第三节 实施阶段

审计实施阶段是审计组进驻被审计单位，就地审查会计凭证、会计账簿、财务会计报告，查阅与审计事项有关的文件、资料，检查现金、实物、有价证券并向有关单位和人员调查，以取得证明材料的过程。审计实施阶段是将审计工作方案付诸实施、化为实际行动的阶段，是审计全过程的主要阶段。实施阶段主要应做好以下几项工作。

一、深入调查研究，调整审计方案

审计组实施审计时，首先应深入了解被审计单位的管理体制、机构设置、职责或经营范围、业务规模、资产状况等，获取被审计单位对其会计资料的真实性、合法性和完整性所做出的承诺书。承诺书的参考样式如下：

承 诺 书

华南县江东镇农村审计中心：

鉴于贵中心审计我村 2011—2014 年度干部任期目标责任制履行情况的需要，兹对有关事项做出如下承诺：

1. 已按照《中华人民共和国会计法》和《村集体经济组织会计制度》等相关法律法规进行会计核算，编报会计报表等会计资料，并对会计资料的真实性、合法性和完整性负责。

2. 已提供与任期目标责任制有关的所有会计资料和其他资料。

3. 已提供村民代表大会、村委会、监事会、民主理财小组的会议纪要，或近期会议已决议但尚未编制成会议纪要的会议记录摘要。

4. 已经建立包括现金控制制度、采购与付款、销售与收款等在内的内部会计控制制度，并已经执行。

5. 已经如实说明可能对资产或负债的账面价值或分类产生重大影响的计划事项。

6. 已经进行过全面财产清查，账实相符。

7. 已经在报表上披露了或有负债等重大不确定事项。

8. 已经提供村干部 2011—2014 年间的所有工资报酬清单。

××村（盖章）　　村主任：（盖章或签字）　　村会计：（盖章或签字）

日期：　　年　　月　　日

其次对农村集体经济组织内部控制进行评估，根据评估结果，确定审计范围和采用的方法。必要时，修改原来制订的审计方案。其主要步骤是：

（1）听取被审计单位情况介绍。审计组进驻被审计单位后，应与被审计单位领导取得联系，说明本次审计的范围、内容与目的要求，争取他们的支持；约请被审计单位领导和有关部门负责人共同确定工作部署，确定与审计组的联系人和提供必要的资料等问题，听取被审计单位负责人及有关职能部门对单位情况的介绍；并采用适当方式，使单位职工了解审计目的、内容，以取得支持和协助。

（2）索取、收集必要的资料。审计组应根据情况介绍和审计工作需要，向被审计单位索取有关资料，要求其提供银行存款账户，进行必要的资料收集工作。常规审计一般需要索取、收集的资料主要有：被审计单位有关的规章、制度、文件、计划、合同文本；被查期间的各种审计资料；各种自制原始凭证的存根，未粘附在记账凭证上的各种支票、发票、收据等存根，以及银行账户、银行收账单、备查簿等相关的经济信息资料。

在索取、收集资料时，一定要做好登记、清点移交工作。收集的资料要当面清点，注意残缺页码，并列表登记，注明资料来源。移交与接收双方都要在移交表或调阅单上签单。

（3）深入调查研究，全面了解内部控制状况。为了全面深入地了解被审计单位业务活动的一些具体规定、手续以及内部控制制度的执行情况，审计组在收集资料以后，应当通过查阅资料、观察、咨询等方式了解被审计单位的有关情况。特别是了解被审计单位的各项业务处理手续，有关财务会计业务处理和现金、物资管理方面的内部控制制度的建立完善情况和实际贯彻执行情况。审计人员向有关单位和个人进行调查时，应当出示审计人员的工作证件和审计通知副本。

（4）必要时，调整原审计方案。在深入调查、初步评价被审计单位内部控制制度的基础上，如发现原方案确定的审计范围、重点、具体实施步骤和方法等与实际情况相关太远，应按规定的程序进行修改，经派出审计组的审计机构主管领导同意后组织实施。

二、实施符合性测试

现代审计的最大特征是以评价内部控制制度为基础的抽样审计，实行的是制度基础审计。因此，在审计实施阶段，必须全面了解被审计单位的内部控制制度，并进行评价。其目的是进一步确定审计的范围、内容重点以及有效的方法。

评价内部控制制度，一是进行内部控制制度健全性调查；二是进行内部控制制度符合性测试；三是对内部控制制度的有效性进行综合评价，从中发现内部控制制度的强点和弱点，并分析原因。根据内部控制制度的强弱点，对审计方案进行适当调整。将审查重点放在内部控制制度的弱点上，而对强点则进行一般审查，以尽可能高效、高质量地取得审计证明材料，提高审计工作效率。

三、实施实质性测试

1. 分析经济业务特点

（1）经济业务的重要性分析。通过对被审计单位经济活动全过程的了解，审计人员可以确定各类业务的重要程度，以便在审计中加强对重要业务的审查。

（2）业务处理复杂程度分析。一般情况下，业务处理比较复杂的环节更容易发生错误，审计人员应该更注意对业务处理比较复杂的环节的审查。

（3）业务发生频率分析。业务发生越频繁，发生错误的可能性就越大，审计人员则应倍加注意。

（4）业务处理人员素质分析。业务素质不高的人员所经手的业务较易发生问题，这也应是审计人员审查的重点。

2. 审查有关的会计资料和经济活动，收集、鉴定审计证据

（1）审查分析会计资料。对会计资料的审查分析，包括对会计凭证、账簿和报告的分析，主要包含以下内容：

①审查分析财务会计报告。一是要对其外观形式进行审查，看被审计单位所编制的各种财务报告是否符合规定和要求，表页、表内项目、指标是否齐全；二是要审阅各报表之间勾稽关系；三是要审查各报表内相关数字间的勾稽关系；四是要审查报告说明、附注等。

②审查分析各类账户。一是判断容易发生差错或易于弄虚作假的账户；二是审查分析各类账户记录的增减变动情况，判断业务的真实性和数据的真实性，如果材料账户的记录长期无变动，则应考察材料是否确实存在或是否能利用；三是核实账户余额，包括总账和明细账，特别是结算类账户和跨期摊配账户。

③抽查有关凭证，以确定账簿记录的真实性，以及数据所反映的经济业务是否合理、合法。

④复算。审计人员要对被审计单位所计算的结果进行复算，以确定是否有故意歪曲计算结果的弊端或无意造成的计算差错。

⑤询证。审计人员在审查中，发现有疑点时，可向有关单位和个人以函证或面询的方式进行调查。询证时，审计人员不少于两人。

（2）实物盘点与资产清查。审计人员在审查分析有关书面资料后，还应对有关盘存的账户记录的内容进行实物盘点，以取得实物证据。如库存现金盘点、库存材料盘点、低值易耗品盘点、在产品盘点、产成品盘点、固定资产盘点等。如实物较多，审计人员应按可能性、必要性、重要性的原则，有选择地进行重点盘点。

（3）审计人员实施实质性测试时，应当按照下列规定办理：

①搜集、取证能够证明审计事项的原始资料、有关文件和实物等；不能取得原始资料、有关文件和实物的，可以采取复制拍照等方法取得证明材料。

②对与审计事项有关的会议和谈话内容要做好记录，或者根据审计工作需要，要求提供会议记录。

③审计人员向有关单位和个人调查取得的证明材料，应当有提供者的签名或者盖章。未取得提供者签名或者盖章的，审计人员应当注明原因。

四、编制审计工作底稿

对审计中发现的问题，应做出详细、准确的记录，并注明资料来源。在审计过程中，审计人员必须有详细的工作记录，以便反映出审计工作的全部过程。这些记录，有些可以直接作为正式的审计工作底稿，有些则要重新编写。审计工作底稿是审计证明材料的汇集，是撰写审计报告的基础，是检查审计工作质量的依据，也是

行使复议乃至再度审计时需要审阅的重要资料。

第四节 报告阶段

审计的报告阶段,也叫审计的终结阶段,是审计工作的总结阶段。这一阶段的工作主要是编制审计报告,做出审计决定,其主要步骤如下所述。

一、整理和分析审计工作底稿

审计组长应当对审计人员的审计工作底稿进行必要的检查和复核,对汇集的审计证据要进行认真审查,鉴定证明材料的客观性、相关性和合法性,检查审计组是否已经收集到足以证明审计事实真相的证明材料,以便及时采取补救措施,保证审计组收集的证明材料的充分性。

二、编写审计报告

审计组对审计事项实施审计后,应当向审计机构提出审计报告。审计组编写的审计报告应当征求被审计单位的意见,被审计单位应自接到审计组的审计报告起10日内,将其书面意见送交审计组或者审计机构,由审计组长签字后,连同被审计单位的书面意见等一同报送审计机构。

三、审计机构审议、出具审计报告

审计机构审议、出具审计报告阶段的主要工作有以下三个方面。一是审议报告,即审计机构设立审计报告审议委员会,审议报告后,由审计机构出具审计报告;二是对违反国家规定的财务收支行为,需要依法给予处理、处罚的,在法定职权范围内做出审计决定,出具审计决定书;三是需要由有关主管机关依法给予处理、处罚的,在法定职权范围内做出审计决定,出具审计移送处理书。审计机构应当将审计报告、审计决定书送达被审计单位和有关单位,其格式如例3-6~例3-8所示,审计决定书自送达之日起生效。

【例3-6】 审计决定书

××××××(审计机构全称)

审计决定书

审×决[××]×号

──────────────────────────

××关于××的审计决定

────────:

自××××年××月××日至××××年××月××日,我××(署、厅、局、办)对你单位×××进行了审计。现根据《中华人民共和国审计法》第四十

条和其他有关法律法规,作出如下审计决定:

——————————————————————————————
——————————————————————————————

　　本决定自送达之日起生效。如果对本决定不服,可以在收到本决定之日起60日内,向××申请复议。复议期间本决定照常执行。

　　本决定在××××年××月××日前执行完毕。

××××××(审计机构全称印章)

××××年××月××日

　　主题词:××

　　抄送:××

【例3-7】 审计处罚决定书

××××××(审计机构全称)

审计处罚决定书

审×罚〔××〕×号

——————————————————————————————

××关于××的审计处罚决定

————————:

　　你单位的××行为,违反了××第××条的规定,根据××条的规定,决定给予你单位××的处罚。

　　本决定自送达之日起生效。如果对本决定不服,可以在收到本决定之日起60日内,向××申请复议。复议期间本决定照常执行。

　　本决定在××××年××月××日前执行完毕。

××××××(审计机构全称印章)

××××年××月××日

　　主题词:××

　　抄送:××

【例3-8】 审计移送处理书

××××××(审计机构全称)

移送处理书

审×移〔××〕×号

——————————————————————————————

××关于××的移送处理书

————————:

　　我们在对××的审计过程中,发现××有下列行为:

我们认为××的行为涉嫌犯罪，依法应追究刑事责任。现移送你××（院、厅、局）依法处理。请将结果及时书面告知我××（署、厅、局、办）。

附件：证明材料××份

××××××（审计机构全称印章）

××××年××月××日

主题词：××

抄送：××

第五节　审计听证与行政复议

一、审计听证

审计机构对违反法律法规的财务收支行为应当进行处理、处罚，不得委托其他组织或者个人代理，并且应当遵循公正、公开的原则。

审计处理是指审计机构对违反法律法规的财务收支行为采取的纠正措施。审计处理的种类有：①责令限期缴纳、上缴应当缴纳或者应上缴的财务收入；②责令期限退还被侵占的集体资产；③责令限期退还违法所得；④责令按照会计制度的有关规定进行处理；⑤依法采取的其他处理措施。

审计处罚是指审计机构依法对违法违规的财务收支行为采取的处罚措施。审计处罚种类有：①通报批评；②警告；③罚款；④没收违法所得；⑤依法采取的其他处罚措施。

如果被审计单位或有关责任人有下列情形之一的违法行为，审计机构应依法从重处罚：①单位负责人强制下属人员违反财经法规的；②挪用或克扣救灾、抚恤、救济扶贫、教育等专项资金和物资的；③违反规定的财务收支行为的数额较大、情节严重的；④阻挠、抗拒审计或者拒绝纠正错误的；⑤拒不提供或者故意提供虚假会计资料的；⑥屡查屡犯的；⑦其他依法应当从重处罚的。

对于违反法律法规规定的财务收支行为，经审计查出，认真检查错误并及时纠正的；或违反数额较小、情节轻微，自行纠正的；或能认真自查，并主动消除或者减轻违反行为危害后果的；或受他人胁迫的；等等，应酌情从轻、减轻或者免予处罚。

审计机构在进行审计处理、处罚时，应当充分听取被审计单位和有关责任人员的陈述和申辩，不得因被审计单位和有关责任人员的申辩而加重处罚。审计机构在进行审计处罚前，对符合审计听证条件的，应当告知被审计单位和有关责任人员参加审计听证；被审计单位或者有关责任人要求审计听证的，审计机构应当组织审计听证。

对被审计单位处以违反国家规定的财务收支金额 5% 以上，且金额在 10 万元以上罚款；对违反国家规定的财务收支行为负有直接责任的有关责任人员处以 2000 元以上罚款的，应当向当事人送达审计听证告知书（格式如例 3-9 所示），告知当事人在收到告知书之后 3 日内有权要求举行审计听证会。举行审计听证会，应向审计机构提出书面申请，列明听证要求，并由申请人签名盖章。逾期不提出审计听证要求的，视为放弃审计听证权利。

审计机构收到审计听证申请后，应当进行审核。对符合审计听证条件的，应当组织审计听证，并在举行听证会 7 日前向当事人送达审计听证会通知书，告知当事人举行审计听证会的时间、地点，通知书格式如例 3-10 所示。对不符合条件的，裁定不予审计听证，并作出不予审计听证裁定书，载明理由告知当事人，裁定书格式如例 3-11 所示。

【例 3-9】 审计听证告知书

×××××× （审计机构全称）

审计听证告知书

审×听告 [××] ××号

××关于××的审计听证告知书

经审计发现××行为违反了国家有关规定，拟依法对××处以××元的罚款，现根据《中华人民共和国行政处罚法》第四十二条的规定和《审计机构审计听证的规定》第××条的规定，××有权要求举行听证会。××自收到本告知书之日起 3 日内，可以向××提出审计听证要求。

附注：审计处罚依据的事实和适用的法律、法规。

×××××× （审计机构全称印章）

××××年××月××日

主题词：××

抄送：××

【例 3-10】 审计听证会通知书

×××××× （审计机构全称）
审计听证会通知书
审×听通［××］××号

××关于××的审计听证会通知书

　　你单位于××××年××月××日提出的听证要求收悉。经研究，决定于××（时间）在××（地点）举行审计听证会，请届时参加。

　　审计听证会的主持人为×××，你单位法定代表人可以亲自参加听证，也可以委托1～2人代理，如果你单位认为主持人与本案有直接利害关系，有权在举行审计听证会之前申请其回避。

　　　　　　　　　　　　　　　×××××× （审计机构全称印章）
　　　　　　　　　　　　　　　　　　××××年××月××日

　　主题词：××
　　抄送：××

【例 3-11】 不予审计听证裁定书

×××××× （审计机构全称）
不予审计听证裁定书
审×听裁［××］××号

××关于××的不予审计听证裁定书

　　你单位于××××年××月××日提出的听证要求收悉。根据《中华人民共和国行政处罚法》第××条的规定和《审计机构审计听证的规定》第××条的规定，该事项不符合审计机构进行审计听证的法定条件，裁定不予审计听证。

　　　　　　　　　　　　　　　×××××× （审计机构全称印章）
　　　　　　　　　　　　　　　　　　××××年××月××日

　　主题词：××
　　抄送：××

　　除涉及国家秘密、商业秘密或者个人隐私外，审计听证会应当公开举行。审计听证会应当由审计机构指定非本案审计人员主持。主持人及书记员均由审计机构确定。一般审计事项的审计听证会由1人主持，重大审计事项的听证会由3人主持，但审计机构应指定首席主持人，主持人负责听证会的组织、主持工作。书记员由1

~2人组成，书记员负责审计听证会的记录工作。当事人认为主持人或者书记员与本案有直接利害关系的，有权申请其回避并说明理由。

主持人在审计听证会主持过程中，有权对听证会参加人的不当辩论或者其他违反审计听证会纪律的行为予以制止、警告；对违反审计听证会纪律的旁听人员予以制止、警告、责令退席；对违反审计听证会纪律的人员制止无效的，移交公安机关依法处置。

审计听证会进行的程序是：主持人宣布听证会开始；主持人宣告案由，宣读参加听证会的主持人、书记员，以及听证参加人的姓名、工作单位和职务；主持人宣读听证会纪律及应注意的事项；主持人告知当事人有申请书记员回避的权利并询问是否需要申请回避；参与审计的人员提出当事人违法的事实、证据、建议作出的审计处罚及其法律依据；当事人进行陈述、申辩；在主持人允许下，双方进行质证、辩论；双方作最后陈述；书记员将笔录交听证双方当场确认并签字或者盖章；主持人宣布审计听证会结束。

审计听证结束后，听证会主持人应当根据审计听证情况和有关法律、法规的规定，向审计机构提交审计听证报告。审计听证报告内容应阐明：听证案由来；主持人、书记员和听证参加人的姓名、工作单位和职务；审计听证会的时间、地点；审计听证建议；听证会主持人签章。审计听证建议主要内容是：确有受审计处罚的违法行为的，根据情节轻重及具体情况，建议作出审计处罚；违法事实不成立或者无处罚的法律、法规依据的，建议不给予审计处罚；违法行为情节轻微，依法可以不予审计处罚的，建议不予审计处罚。

审计听证报告连同听证笔录、案卷材料一并报送审计机构。审计机构作出处理后，归入审计档案。

二、审计行政复议

被审计单位认为审计机构的具体行政行为侵犯其合法权益，可以依照有关法律、法规和规定，向审计复议机关申请复议。所谓审计复议机关，是指有权受理复议申请，依法对审计具体行政行为进行审查并作出决定的审计机构。

向审计机构申请复议的审计具体行政行为包括：审计机构作出的责令期限缴纳、上缴应当缴纳或者上缴的收入、限期退还违法所得、限期退还被侵占的国有资产等审计处理；审计机构作出的罚款、没收违法所得等审计处罚；审计机构采取的通知有关部门暂停拨付有关款项、责令暂停使用有关款项等强制措施；以及法律、法规规定可以申请复议的其他具体行政行为。申请人在申请复议时可一并提出行政赔偿请求。

被审计单位可以自知道审计具体行政行为之日起60日内提出审计复议申请。申请人应提供书面申请，其内容应写明申请人的基本情况、复议请求、申请复议的主要事实和理由、申请时间等。

审计复议机关收到审计复议申请后,应当在 5 日内进行审查,对不符合法定条件的决定不予受理,并书面告知被审计单位;对符合法定条件,但不属于本机关受理范围的,应当告知被审计单位向有关单位提出申请(有关内容参见例 3 – 12)。

【例 3 – 12】 不受理审计复议裁定书

××××××(审计机构全称)

不受理审计复议裁定书

审×复裁〔××〕××号

××关于不受理××复议申请的裁定

  你单位(或个人)对××不服的复议申请书已于××××年××月××日收悉。经审查,此申请不符合《中华人民共和国行政复议法》第××条的规定,裁定不予受理。

××××××(审计机构全称印章)

××××年××月××日

  主题词:××

  抄送:××

  审计复议机关的审计复议机构,具体办理审计复议事项,其职责是:审查、受理复议申请,查阅文件和资料,向有关组织和人民政府调查取证;复查申请审计复议的审计具体行政行为是否合法、适当,拟订审计复议决定;向审计复议机关提出对《行政复议法》第七条有关规定的处理意见;对被申请人违反《行政复议法》和有关规定的行为依照法定的权限和程序提出处理建议;办理因不服审计复议决定提起行政诉讼的应诉事项;法律、法规和规章规定的其他职责。

  审计复议机关履行复议职责,应当遵循合法、公正、公开的原则,坚持依法行政、有错必纠,保障法律、法规的正确实施。

  审计复议期间审计具体行政行为一般不会停止执行,如被申请人认为需要停止执行,或审计复议机关认为需要停止执行,或申请人申请停止执行且审计复议机关认为要求合理的,可决定停止执行。

  审计复议机关办理审计复议事项原则上采取书面审查办法,必要时可采用调查方式。审计复议机构应当自复议受理之日起 7 日内,将复议申请书副本送达被申请人。被申请人应当自收到申请书副本之日起 10 日内,提出复议答辩书,并提交作出审计具体行政行为的证据、依据和其他有关材料。除涉及国家秘密、商业秘密或者个人隐私外,申请人及委托人可以查阅被申请人提出的答辩书、作出审计具体行政行为的证据、依据和其他有关材料,审计复议机关、被申请人不得拒绝。在审计复议过程中被申请人不得自行向申请人和其他有关组织或者个人收集证据。审计复议决定前,申请人可以说明理由撤回复议申请。

审计复议机构应当对被申请人作出的具体行政行为进行审查,拟订审计复议决定稿,经复议机关负责人同意或者集体讨论后,制作复议决定书(格式参见例3-13),分别作出下列审计复议决定:

(1)审计具体行政行为认定事实清楚,证据确凿,适用依据正确,程序合法,内容适当的,决定维持;

(2)审计具体行政行为有下列情况之一的,决定撤销、变更或者确认该行为违法:①主要事实不清、证据不足的;②主要依据错误的;③违反法定程序的;④超越或滥用职权的;⑤审计具体行政行为明显不当的。决定撤销或确认违法的,可以责令被申请人重新作出审计具体行政行为。

(3)被申请人不按照规定提出书面答复、提交当初确定行政行为的证据、依据和其他有关材料的,视为该行政行为没有证据、依据,决定撤销该行政行为。

【例3-13】 审计复议决定书

××××××(审计机构全称)

审计复议决定书

审×复裁[××]××号

××关于××审计复议决定

申请人:(法人或者其他组织的)名称、地址、邮政编码、法定代表人姓名和职务(公民的姓名、性别、年龄、单位、职业、住址、邮政编码)

被申请人:名称、地址、邮政编码、法定代表人姓名和职务

申请人不服被申请人××(具体行政行为),申请审计复议,其请求是:
_____
_____
_____

其理由如下:
_____
_____
_____

经复议查明:
_____
_____

根据《中华人民共和国行政复议法》第××条的规定,作出以下审计复议决定:

申请人如果不服本审计复议决定,可以在收到本决定之日起15日内,向××人民法院起诉。(适用于地方审计机构)

申请人如果不服本审计复议决定,可以在收到本决定之日起15日内,向××人民法院起诉或者向国务院申请裁决。(适用于审计署)

××××××(审计机构全称印章)
××××年××月××日

主题词:××

抄送:××

审计复议机关应当自受理审计复议申请之日起60日内作出审计复议决定;如情况复杂,可经批准适当延长,但最多延长不超过30日(格式参见例3-14)。

【例3-14】 审计复议延期通知书

××××××(审计机构全称)
审计复议延期通知书
审×复延[××]××号

××关于延期作出××复议决定的通知

由于××延期原因,根据《中华人民共和国行政复议法》第三十一条的规定,决定将作出审计复议决定的期限延长××日(30日以内)。

××××××(审计机构全称印章)
××××年××月××日

主题词:××

抄送:××

第四章 资产审计

第一节 货币资金审计

货币资金是以货币形态存在的资产,包括库存现金、银行存款和其他货币资金。货币资金是村集体经济组织经营活动必不可少的资产,是流动性最强的资产,是流动资产审查的重点。

一、货币资金审计的目标

货币资金审计的主要目标是:
①确定货币资金的内部控制是否存在、有效且一贯执行;
②确定货币资金余额是否真实、存在,是否归被审计单位所有;
③确定货币资金的收支记录是否完整、真实、合法;
④确定货币资金的会计记录是否完整、正确;
⑤确定货币资金在资产负债表上的反映是否恰当。

二、货币资金审计的特点

(1) 货币资金审计的固有风险较高。货币资金是流动性最强的资产,作为支付手段和流通手段,具有极大的诱惑力,往往成为不法分子进行舞弊的首选对象,比其他资产更容易被贪污、盗窃和挪用,舞弊手法多种多样,而且货币资金收付业务频繁,出现错漏的可能性较大。因此,货币资金审计存在的固有风险较高。

(2) 货币资金审计牵涉面广。货币资金收付业务贯穿村集体经济组织经济业务的全过程,村集体经济组织发生的经济业务几乎都会直接涉及货币资金,涉及货币资金的经济业务几乎都会影响到其他所有的会计科目,如果货币资金账户本身发生错报或漏报,将直接影响其他科目余额的真实性和会计报表的公允性。因此,货币资金审计牵涉面广,与之关联的科目多、影响大,审计时要与其他科目的审计结合起来。货币资金审计具有特殊重要性,无论货币资金在资产负债表上的余额多少,审计人员都应将其列为审查重点,进行认真审计。

(3) 货币资金审计需要花费较多时间。由于货币资金审计的固有风险较高,审计牵涉面广,对其他科目的审计影响较大,因此为了有效地降低审计的检查风险,势必要花费较多的时间进行认真审计。

(4) 盘点法、函证法是货币资金审计必不可少的技术手段。货币资金审计与其他科目审计一样需要运用较多的技术方法，如盘点法、函证法、审阅法、核对法、询问法、调查法、分析法等，但盘点和函证是货币资金审计必不可少的程序，是证实货币资金真实存在的重要方法。

三、货币资金内部控制制度评审

货币资金流动性强，收支业务频繁，涉及的会计账户较多，较容易发生错误、舞弊和违反法规等行为，因此建立健全货币资金内部控制制度极为重要。审计人员在进行货币资金的具体审计之前，应首先对村集体经济组织的内部控制制度进行调查了解和研究评价，以确定其内部控制制度的可信赖程度，明确审计工作的重点，确定审计范围、内容和方法，提高审计效率和质量。

（一）货币资金内部控制制度的一般内容

货币资金内部控制的主要内容应包括：

（1）职责分工和职权分离制度。货币资金业务的审批、收付、记录、保管由出纳人员、记账人员和财务主管分工负责，分别办理，实行钱账分管，不相容职务分离，岗位职责明确。出纳人员负责货币资金的收入、支出、保管和现金、银行存款日记账的登记，不得兼管货币资金总分类账、收入、费用、债权、债务等会计账簿的记录工作。

（2）授权和批准制度。货币资金的各项业务均应由主管领导授权或按权限审查批准后办理，各项支出必须经授权、审批、核准后执行。

（3）预算管理制度。村集体经济组织应详细周密地计划预期的收入和所需的支出，达到有效组织收入、严格控制支出、产生最大经济效益的目的。

（4）收付记录和核对制度。货币资金收入、支出要有合理、合法的凭证，经审核后按会计制度规定，及时准确入账，做到凭证合法、合规、真实、完整、手续完备；建立定期盘点核对制度，定期盘点现金，核对账目，保证账实相符，日记账与总账、明细账一致，主管会计定期核对银行存款日记账与银行对账单，编制银行存款余额调节表，调整未达账项，保证银行存款账与开户银行账相符；内部审计人员或稽查员应定期或不定期进行检查监督，抽查收付款凭证和会计记录，检查有无错误和舞弊。

（5）安全保管制度。有健全的现金、支票、账簿等管理设施，有专人负责保管，有人进行内部监督。出纳员主管现金和银行单据的收付保管，限制他人接近。支票的签发和保管不得由同一人负责，支票印章应由签发支票的人员妥善保管。

（二）货币资金内部控制制度的评审方法

（1）调查了解被审计单位货币资金内部控制制度的建立情况。审计人员可通过走访、询问、实地观察、阅读文件等方式，了解被审计单位内部控制制度的建立情况。同时，以调查问卷等方式进行询问调查。调查内容主要有：货币资金的收付、保管和记录是否确实由不同的人员分别执行，货币资金的接触和记录是否有必要的安全防范措施和设备,重大的货币资金支出是否经过申请授权,日常支出是否经过必要的批准手续,是否定期盘点库存现金并与账存数核对相符、定期编制银行存款余额调节表等。

(2) 抽验货币资金收款凭证。方法是:选择一定数量收款凭证,核对收款凭证与存入银行账户的日期和金额是否相符;核对货币资金、银行存款日记账的收入金额是否正确;核对收款凭证与银行对账单是否相符;核对收款凭证与应收账款等相关明细账的记录是否相符;核对实收金额与销售发票等相关凭证是否一致等。审计人员可抽取一部分现金送款单,与现金日记账和银行存款日记账进行核对,以验证是否将当日所有现金收入如数、及时地送存银行,如果发现收入现金未能如数、及时送存银行的,应追查原因,分析有无挪用和盗窃现金的行为。同时应检查收入支票、汇票登记簿、送款单和银行存款日记账,验证当日收到支票、汇票单的款项是否及时解交银行。

(3) 抽验货币资金付款凭证。方法是:抽查适当样本的货币资金付款凭证,验证各项货币资金的付款业务是否经过适当的审批、授权与审核。主要是检查授权审批手续是否符合规定,包括授权批准的层次与范围、签章等;核对现金与银行存款日记账记录的付款金额是否正确;核对付款凭证与银行对账单是否相符;核对付款凭证与应付账款等相关明细账的记录是否一致;核对实付金额与付款票据是否一致;等等。

(4) 抽查一定期间现金、银行存款日记账,并与总账、银行对账单核对。检查现金日记账和银行存款日记账记录、计算、加总的正确性,并根据日记账提供的线索,核对总账中的现金、银行存款、应收账款、应付账款等有关账户记录,检查其金额的一致性,对账账不一致的情况有无调整与说明。逐笔核对银行存款日记账与银行对账单,检查两者记录与加总金额是否一致,要注意检查有无同一期间内同收同付而余额相同的事项,如有,应重点追查,看是否有挪用等行为。

(5) 抽取一定期间的银行存款余额调节表与库存现金盘点表,查验其是否定期编制银行存款余额调节表,是否对账调节,未达账项是否真实。至少抽查两个月的银行收支记录,逐笔核对银行对账单,验证其编制的正确性,还应注意是否存在出租、出借银行账户的情况,以及是否存在与本单位无关的收付款业务。抽查库存现金盘点表,看其是否定期盘点,与相应月份的现金日记账核对,验证一致性,并核实溢缺现金的处理是否符合规定。

(6) 实地观察、抽验账簿凭证,看不相容职务的划分与执行情况。主要有:抽查银行存款余额调节表,了解上面编制人签章是否为出纳员以外的人员;抽查日记账与相应的会计凭证,凭证上是否有会计人员的审核签章;支票保管、登记与印章的保管是否分别由不同人员负责;各项货币资金的收付程序有无明确的制度规定等。

(7) 检查货币资金收付凭证的管理情况。重点检查存款单、现金支票、转账支票、付款委托书、银行结算凭证等，检查其是否有专人保管，是否按顺序使用，是否有支票签发登记簿，作废的凭证是否加盖"作废"戳记，并妥善保管，有无开出空白支票、空头支票等情况。货币资金收付凭证管理存在缺陷，同样会造成收付款业务出现舞弊问题。

(8) 评价货币资金内部控制。通过以上测试程序后，审计人员即可对货币资金的内部控制制度进行评价，主要有三个方面：一是评价货币资金内部控制制度的完善性，即制度是否健全，存在哪些缺点和薄弱环节需要改进；二是评价货币资金的内部控制制度的合理性，即现有内部控制制度的效果如何，有否影响工作效率；三是评价货币资金内部控制制度的有效性，即是否贯彻有力。总的来说是评价其可以信赖的程度，提出存在问题和改进意见，以此作为确定实质性审计程序、范围、重点的依据，提高审计工作质量，减少审计风险。

四、货币资金的实质性审计

(一) 库存现金的实质性审计

库存现金是村集体经济组织为了满足经营过程和日常运作零星支付需要而保留的现金，包括人民币现金和外币现金。库存现金实质性审计的一般程序和方法是：

(1) 获取或编制库存现金余额明细表，复核加计数是否正确，并与现金日记账和总账余额核对，确定是否相符。如果不符，应追查原因，做出记录或调整。

(2) 盘点库存现金，确定库存现金的真实存在和库存现金管理的有效性。具体做法是：

第一，确定盘点时间和工作人员。盘点时间最好选择在上午上班前或下午下班时进行，避免现金收支的高峰时间，参加人员视被审计单位的具体情况而定，但必须有被审计单位会计主管人员、出纳员等参加，并由审计人员进行监盘。

第二，由出纳员编制库存现金余额表或现金出纳报告书，确定库存现金的账存数和应存数额。

第三，监督盘点库存现金。应实施突击性盘点，防止出纳员在盘点前采取措施掩盖弊端；盘点必须有被审计单位主管领导或主管会计人员、出纳员、审计人员共同参加，由出纳员自点，审计人员只是监盘；盘点时不同地点存放的库存现金应同时全面地清点，并密切留意出纳保险柜和抽屉、档案橱内的存折、借条、收据、账单等资料。

第四，编制"库存现金盘点表"，将盘点金额与现金日记账余额进行核对。库存现金盘点表由出纳员填制，出纳员、会计主管、审计人员共同签字，作为审计工作底稿。对盘点时发现的现金溢缺、账实不符问题应查明原因，并做出记录或适当调整。库存现金盘点表可以是账户式的，也可以是报告式的。账户式库存现金盘点表格式如例4-1所示。

【例4-1】 库存现金盘点表

库存现金盘点表

被审计单位：_____ 编制人：_____ 日期：_____ 索引号：_____
项　　目：现金监盘 复核人：_____ 日期：_____ 页次：_____
会计期间：_____
盘点日期：　　年　　月　　日

检查盘点记录				实有现金盘点记录				
项　　目	项次	人民币	某外币	面额	人民币		某外币	
					张	金额	张	金额
上一日账面库存余额	1			1000				
盘点日未记账传票收入金额	2			500				
盘点日未记账传票支出金额	3			100				
盘点日账面应有金额	4 = 1 + 2 - 3			50				
盘点日实有现金数额	5			10				
盘点日应有与实有差异	6 = 4 - 5			5				
差异原因分析	白条抵库（张）			2				
				1				
				0.5				
				0.2				
				0.1				
				合计				
追索调整	报表日至查账日现金付出总额			情况说明及审计结论：				
	报表日至查账日现金收入总额							
	报表日库存现金应有余额							
	报表日账面汇率							
	报表日余额折合本位币金额							
	本位币合计							

盘点人：　　　　　　监盘人：　　　　　　复核人：

（3）抽查现金日记账。审计人员应抽查至少 1～2 个月的现金日记账记录，主要审阅日记账摘要栏、金额栏、对应科目栏、余额栏及相应的收支业务，看收支内容是否真实合法、开支范围是否符合规定、收支金额是否超过规定结算起点违反现金管理制度、收支业务的账务处理是否正确、余额有无超出规定限额、有无坐支现金等;并验算加总金额的正确性,检查收支记录是否完整正确,有无多记、少记或舞弊等行为。

(4) 抽查大额现金收支记录。审计人员应从审计期间或某一年度抽取一定数量的大额现金收支记录,检查原始凭证内容是否完整,有无授权批准手续,核对相关账户的进账情况,看账证是否相符,账务处理是否正确等。抽取业务数量和选择多大金额业务作为审查对象要视审计期间的长短、经济往来量的大小等实际情况确定。

(5) 审查原始凭证。根据现金日记账和大额现金收支记录的抽查结果,有针对性地对金额大的原始凭证加以审查,以确定现金收付业务的真实、合法、合规性以及凭证本身有无涂改或伪造的情况。审查时应随时与记账凭证核对,包括内容、金额的一致性,所附原始凭证张数的正确性等,看有无贪污舞弊现象,如利用原始凭证二次报账,在记账凭证上故意多计支出、少计收入等情况。

(6) 审查现金收支的正确截止。通常,审计人员可以对资产负债表决算日前后一段时间内的现金收支原始凭证进行审计,以确定是否存在跨期事项。被审计单位经济业务量较大时,可采取抽查资产负债表决算日前后若干天大额收支凭证的方式,检查现金收支截止日期的正确性,注意有无逾期处理事项。

(7) 审查外币现金的折算是否正确。对于有外币现金的被审计单位,审计人员应审查外币现金收支时的折算汇率和期末余额的折算汇率是否符合规定,折算差额的账务处理是否正确等。

(8) 查验库存现金在资产负债表上的反映是否恰当。根据村集体经济组织会计制度的规定,现金在资产负债表"货币资金"项下反映,审计人员在实施上述程序后,确定库存现金账户的期末余额是否正确,据以确定货币资金是否在资产负债表上恰当披露。

(二) 银行存款实质性审计

银行存款是村集体经济组织存入银行和其他金融机构的货币资金。通过对银行存款的审查,不仅可以证实银行存款余额的真实性、收支业务的合法性和会计记录的正确性,而且可以为审查其他业务活动提供佐证和审计线索。银行存款审计是财务审计的重要内容,其实质性审计的一般程序和方法是:

(1) 获取或编制银行存款余额明细表,复核加计数是否正确,并与银行存款日记账、总账的余额核对,确定是否相符。如果不符,应查明原因,并作出记录或适当调整。

(2) 审核银行存款日记账记录。审计人员应抽取部分存款日记账的记录加以审核,审核的内容有:①依次验算其加总金额的准确性。如果验算结果出现较多差错,就要核对每笔收支记录的凭证,同时要考虑扩大抽查的范围,并对差错作适当调整。②抽查一定数量的大额和性质重要的银行存款业务,检查相关的原始凭证和记账凭证,测试其原始凭证内容是否完整,手续是否齐全,账证是否相符,有无授权批准，并核对相关账户的进账情况，以验证其收付款业务的合法性。③抽查与银行存款有关的往来账户，看其业务活动的合规性和会计处理的正确性，有无利用往来账户搞非法活动和进行贪污的情况。

（3）函证银行存款余额。函证银行存款余额是证实资产负债表中所列银行存款是否真实存在的重要程序。函证既可以证实银行存款的存在，又可以发现村集体未登记的银行借款和账外存款及欠银行的债务。函证时，审计人员应向被审计单位本年度内有存款（含外埠存款、银行汇票存款、银行本票存款、信用证存款、信用卡存款、信用证保证金存款等）的所有银行发函，也应注意向存款账户已结清或长期未用的账户、已直接取得银行对账单和所有已付支票的账户的银行发函。银行询证函样式如例4-2所示。

【例4-2】 银行询证函

银行询证函　　　　　　　　编号：

_____（银行/信用社）：

本村正接受××（审计单位）的×××（审计项目）审计，按照要求，应当询证本村与贵行的存款、借款往来等事项。下列数据出自本村账簿记录，如与贵行记录相符，请在本函下端"数据证明无误"处签章证明；如有不符，请在"数据不符"处列明不符金额。回函请直接寄至××（审计单位，或××审计组）。

通信地址：

邮政编码：　　　　　电话：　　　　　传真：

截至　　年　　月　　日止，本村银行存款、借款账户余额等列示如下：

（1）银行存款

账户名称	银行账号	币种	利率	余额	备注

（2）银行借款

银行账号	币种	余额	借款日期	还款日期	利率	借款条件	备注

（3）其他事项

××村集体经济组织（签章）　　　日期：

结论：1. 数据证明无误

　　　　（银行或信用社签章）　　日期：

　　　2. 数据不符，请列明不符金额

　　　　（银行或信用社签章）　　日期：

(4) 审查银行存款收支的正确截止日期。截止日期的正确与否不仅影响资产负债表中银行存款余额的正确性,而且可能是收支业务在不同会计期间的人为调节,影响损益计算的正确性。所以审计时应对决算日前后数天所发生的银行存款收支凭证进行审查,以核实截止日期的正确性。具体方法是:①审阅支票、汇票等票据的收入与送存记录,检查年终前未送存银行票据的收入和入账日期;②查阅结账日前后一段时间银行对账单的银行存款收入与支出,核实银行存款日记账,看有无将期后收入提前入账或期内收入推迟入账,以及期内支出推迟入账或期后支出提前入账的情况;③查验结账日签发的最后一张支票的序号,并检查此号前后的支票,看其入账的会计期间是否正确。

(5) 抽查银行存款账面余额。检查账面余额的方法主要是编制银行存款余额调节表或复核被审计单位编制的调节表。审计人员可以抽取12月份和1月至11月份中的任何1~2个月,重点审查大额银行存款收支、一年以上定期存款、限定用途存款。如果被审计单位内部控制较好,可以对其编制的调节表进行复核,复核的步骤和方法是:取得银行对账单,并与调节表上的数字核对,确定调节表中相关数字的准确性;将调节表上的账面余额数与总分类账户余额数核对,确定是否一致;核对调节表上调节后的余额与对账单是否一致;审查银行存款日记账记录与对账单的收付记录是否一致等。如果被审计单位的内部控制较弱,审计人员应自行独立编制银行存款余额调节表,其工作步骤与方法是:会计人员将银行存款收付凭证全部登记入账,并结出余额;向银行询证期末余额,索取银行对账单;将银行对账单与银行存款日记账和总账的余额加以核对;调节未达账项并审阅被审计单位编制的银行存款余额调节表,审核调节后存款余额的正确性和收支业务会计记录的完整性。银行存款余额调节表格式如例4-3所示。

【例4-3】 银行存款余额调节表

银行存款余额调节表

年　月　日

编制人:　　　　日期:　　　　索引号:
复核人:　　　　日期:　　　　页次:
被审计单位:　　　　　　　　　币别:

项　目	金额(元)	项　目	金额(元)
银行对账单余额(　年　月　日)		村集体银行存款日记账金额(　年　月　日)	
加:村集体已收、银行尚未入账金额 其中:1.＿＿＿＿＿ 　　　2.＿＿＿＿＿		加:银行已收、村集体尚未入账金额 其中:1.＿＿＿＿＿ 　　　2.＿＿＿＿＿	

续表

项　目	金额（元）	项　目	金额（元）
减：村集体已付、银行尚未入账金额		减：银行已付、村集体尚未入账金额	
其中：1._____ 　　　2._____		其中：1._____ 　　　2._____	
调整后银行对账单金额		调整后村集体银行存款日记账金额	
经办会计人员：（签字） 会计主管：（签字）			

（6）审查外币银行存款的折算是否正确。对于有外币存款的被审计单位，审计人员应审查其外币银行存款的收支是否按所选定汇率折合为记账本位币金额，期末余额是否按期末市场汇率折合为记账本位币金额，外币折合差额的会计处理是否正确等。

（7）审查一年以上定期存款或限定用途存款。一年以上的定期存款或限定用途存款，不属于被审计单位的流动资产，应列入其他资产类下，审计人员应查明情况，作出相应的记录。

（8）查验银行存款余额在资产负债表上的货币资金中的反映是否恰当。根据村集体经济组织会计制度的规定，村集体的银行存款在资产负债表上"货币资金"项下反映。审计人员在实施上述程序后，确定银行存款账户的期末余额是否恰当，从而确定资产负债表上"货币资金"项目中的数字是否在资产负债表上恰当披露。

（三）其他货币资金实质性审计

其他货币资金是指村集体经济组织库存现金、银行存款以外的货币资金，包括外埠存款、银行汇票存款、银行本票存款、国际信用证存款、在途货币资金等。它们与现金和银行存款相比，具有单独的存放地点和专门用途的特点。目前村集体经济组织没有单独设立"其他货币资金"科目进行核算，而是归并在"银行存款"科目核算。因此其他货币资金的审计程序和方法与银行存款审计基本相同。主要有：

①核对其他货币各明细账户期末余额合计数与总账数是否相符。

②函证余额，证实存款确实存在。

③抽查一定数量的原始凭证，检查其经济内容是否完整，有无适当的审批授权，并核对相关账户的进账情况。

④查证各项存款的存入是否是业务的正常需要，办理存款业务是否合法，授权审批、合同的签订手续是否完备。

⑤审查各项存款的使用是否符合规定用途，有无不正当支出。

⑥抽取资产负债表日后的大额收支凭证进行截止测试，如有跨期收支事项，应作适当调整。

⑦审查存款反映的经济业务结算是否及时，任务完成后多余的款项是否及时办理转账手续，结清账户。

⑧检查其他货币资金的披露是否恰当等。

五、货币资金审计工作底稿

货币资金审计编制的审计工作底稿常见的有：
①现金和银行存款内部控制调查表（问卷）；
②现金和银行存款收款凭证内控符合性测试记录表；
③现金和银行存款付款凭证内控符合性测试记录表；
④现金和银行存款余额明细审定表；
⑤库存现金盘点表；
⑥银行存款余额调节审定表；
⑦银行存款函证情况审定表；
⑧现金大额收支抽查情况审定表；
⑨银行存款大额收支抽查情况审定表；
⑩现金截止性测试表；
⑪银行存款截止性测试表等。

六、货币资金审计案例——工作底稿范例

现金付款符合性测试表

被审计单位：××镇××经联社　　编制人：刘××　　日期：2014年4月10日　　索引号：
报表截止日：2013年12月31日　　复核人：张××　　日期：2014年4月11日　　页次：1/1

序号	日期	凭证编号	业务内容	对应科目	金额（元）	核对	备注
1	27/1	现付6号	发放村民小组长补助	其他应付款	39800	√√√√√√	
2	28/1	现付7号	付工作组招待费	管理费用	518	√√√√√	
3	2/2	现付1号	发放村干部工资	应付工资	17316	√√√√√	
4	3/2	现付2号	发放村干部年终奖金	应付工资	16732.52	√√√√√	
5	20/4	现付6号	购买办公用品	管理费用	628.70	√√√√√	
6	23/4	现付7号	付3月份电费	管理费用	520.36	√√√√√	

（续表）

序号	日期	凭证编号	业务内容	对应科目	金额（元）	核对						备注
7	8/5	现付1号	付在建工程款	在建工程	1536.46	√	√	√	√	√	√	
8	10/5	现付3号	付村干部五一值班费	管理费用	938	√	√	√	√	√	√	
9	8/7	现付2号	付村干部季度补贴	管理费用	1457	√	√	√	√	√	√	
10	1/8	现付1号	付军烈属补助	应付福利费	29634	√	√	√	√	√	√	
11	10/8	现付3号	付"一事一议"资金	在建工程	2436.42	√	√	√	√	√	√	
12	8/9	现付2号	付村干部工资	应付工资	17316	√	√	√	√	√	√	
13	10/9	现付3号	付幼儿园教师慰问费	应付福利费	1500	√	√	√	√	√	√	
14	20/9	现付5号	付五保户生活费	应付福利费	12400	√	√	√	√	√	√	
15	8/10	现付1号	付节日保安加班费	管理费用	7200	√	√	√	√	√	√	
16	13/10	现付3号	付徐××差旅费	管理费用	5730	√	√	√	√	√	√	
17	5/11	现付1号	付军属补助	应付福利费	15736	√	√	√	√	√	√	
18	25/11	现付10号	付徐××差旅费	管理费用	3139	√	√	√	√	√	√	
19	4/12	现付1号	付李××医疗费	管理费用	8234.75	√	√	√	√	√	√	
20	23/12	现付11号	付检查组餐费	管理费用	1910	√	√	√	√	√	√	

核对说明：
1. 付款的授权审批手续齐全；
2. 原始凭证具有合法的发票或其他凭证；
3. 原始凭证的内容、金额与付款凭证核对一致；
4. 付款单据签章完整；
5. 付款凭证与现金日记账金额一致；
6. 付款凭证与对应科目明细账的记录一致；
7. 付款凭证账务处理正确。

测试说明及结论：根据该村业务规模，抽查500元以上现金支出业务20笔，未发现异常业务，且现金日记账余额与总账数相符，可以适当简化实质性测试审计程序。
所附审计证据：
抽查原始凭证、付款凭证完整复印件20份。

底稿2

库存现金审定表

被审计单位：××镇××经联社　编制人：刘××　日期：2014年4月11日　索引号：

报表截止日：2013年12月31日　复核人：张××　日期：2014年4月12日　页次：1/1

索引号	查证核对记录			现金盘点记录		
	项目	行次	人民币（元）	面额	张（枚数）	金额（元）
	一、盘点日账面余额	1	42978.71	100元	10	1000
	加：盘点日未记账收入金额	2	0	50元	15	750
	减：盘点日未记账支出金额	3	0	10元	20	200
	盘点日账面应存余额	4	42978.71	5元	4	20
	二、盘点库存实有金额	5	1978.71	2元	4	8
	加：白条抵库金额	6	40000.00	1元		
	盘点日实存现金金额	7	41978.71	5角	1	0.5
	三、盘点日应存与实有差额	8＝4－7	1000	2角	1	0.2
	四、追溯至报表日账面结存金额			1角		
	报表日至盘点日支出总额	9	50750.09	5分		
	报表日至盘点日收入总额	10	51145.09	2分		
	报表日应存金额	11＝4＋9－10	42583.71	1分	1	0.01
	报表日实存金额	12＝7＋9－10	41583.71	盘点合计		1978.71
	报表日应存与实存差额	13	1000	存放地点:出纳人员保险柜		
				盘点日期:2014年4月11日		
				盘点人:刘××		
				出纳人员:秦××		
				会计主管:徐××		

审计说明及调整分录：

　　在未予事先通知情况下，被审计单位会计主管徐××、现金出纳秦××及审计人员刘××共同清点4月11日9时库存现金为1978.71元。王×临时借去40000元（经会计主管签批），实际比账少1000元。

　　应编制调整会计分录：借：待处理财产损溢——现金盘亏　　1000
　　　　　　　　　　　　　　贷：库存现金　　　　　　　　　　1000

审计结论：账实相差1000元，需进一步确认。（详见底稿3）

底稿3

库存现金收支报告单审定表

被审计单位：××镇××经联社　　编制人：刘××　　日期：2014年4月13日　　索引号：
报表截止日：2013年12月31日　　复核人：张××　　日期：2014年4月12日　　页次：1/1

日期	库存现金收支报告单			库存现金日记账			总账库存现金科目			备注
	收入(元)	支出(元)	余额(元)	收入	支出	余额	借方合计	贷方合计	借方余额	
2013.1	71342.3	91700.8	31549.27	√	√	√	√	√	√	
2013.2	62437	73124.98	20861.29	√	√	√	√	√	√	
2013.3	39243.3	27179.30	32925.29	√	√	√	√	√	√	
2013.4	45784.9	34257.69	44452.50	√	√	√	√	√	√	
2013.5	42568	52147.33	34873.17	√	√	√	√	√	√	
2013.6	33924	39678.47	29118.70	√	√	√	√	√	√	
2013.7	25437.23	27684.57	26871.36	√	√	√	√	√	√	
2013.8	73456.4	79243.85	21083.91	√	√	√	√	√	√	
2013.9	19248.4	27943.63	12388.68	√	√	√	√	√	√	
2013.10	59738.9	48249.73	23878.85	√	√	√	√	√	√	
2013.11	59643	42578.69	40942.16	√	√	√	√	√	√	
2013.12	37348	30706.67	47583.49	√	√	√	√	√	√	
合计	570171.43	594495.71	47583.71	√	√	√	√	√	√	

审计说明：
　　审计人员将库存现金收支报告单的收入、支出、余额分别与库存现金日记账对应的收入、支出、余额核对，再与总账库存现金科目核对。

审计结论：
　　1. 库存现金短款1000元由经联社出纳秦××负责。
　　2. 库存现金收支报告单、库存现金日记账、总分类账库存现金科目核对相符。2013年12月31日的库存现金余额可以确认。

附审计证据：
　　1. 库存现金收支报告单（2013年1月至12月）复印件各1份。
　　2. 调查笔录1份。

银行付款符合性测试

被审计单位：××镇××经联社　编制人：李××　日期：2014年4月10日　索引号：

报表截止日：2013年12月31日　复核人：张××　日期：2014年4月11日　页次：1/1

序号	日期	凭证编号	业务内容	对应科目	金额（元）	核对	备注
1	8/1	银付1号	提取现金发工资	库存现金	17316	√√√√√√	
2	23/1	银付3号	付在建工程款	在建工程	38000	√√√√√√	
3	28/2	银付10号	付购买办公设施款	固定资产	41238	√√√√√√	
4	1/3	银付1号	付农民征地款	应付款	37800	√√√√√√	
5	10/3	银付5号	付农民征地款	应付款	41372	√√√√√√	
6	5/4	银付2号	付开发区"三通"费	在建工程	78231	√√√√√√	
7	30/4	银付10号	付开发区"三通"费	在建工程	12317	√√√√√√	
8	8/5	银付1号	提取现金发工资	库存现金	17316	√√√√√√	
9	20/5	银付4号	付治安队费用	管理费用	12000	√√√√√√	
10	11/6	银付3号	提取现金	库存现金	30000	√√√√√√	
11	15/6	银付4号	付参观学习费	管理费用	7168	√√√√√√	
12	10/7	银付2号	付开发区"三通"费	在建工程	60000	√√√√√√	
13	12/8	银付3号	付开发区工程款	在建工程	15000	√√√√√√	
14	20/8	银付5号	偿还欠款	短期借款	70000	√√√√√√	
15	10/9	银付3号	提取现金	库存现金	1500	√√√√√√	
16	8/10	银付1号	提取现金	库存现金	7200	√√√√√√	
17	6/11	银付2号	付借款利息	其他支出	5732.73	√√√√√√	
18	25/11	银付5号	付农民征地款	应付款	19233	√√√√√√	
19	10/12	银付3号	付开发区工程款	在建工程	110000	√√√√√√	
20	20/12	银付6号	提取现金	库存现金	20000	√√√√√√	

核对说明：

　　1. 付款的授权审批手续齐全；

　　2. 原始凭证具有合法的发票或其他凭证；

　　3. 原始凭证的内容、金额与付款凭证摘要核对一致；

　　4. 付款单据签章完整；

　　5. 付款凭证与库存现金日记账金额一致；

　　6. 付款凭证与对应科目明细账的记录一致；

　　7. 付款凭证账务处理正确。

测试说明及结论：

　　根据该村业务规模，抽查1500元以上银行支出业务20笔，未发现异常业务，且银行存款日记账余额与总账数相符，可以适当简化实质性测试审计程序。

附审计证据：

　　抽查原始凭证、付款凭证完整复印件20份。

底稿5

银行存款真实性审查表

被审计单位：××镇××经联社　　编制人：李××　　日期：2014年4月15日　　索引号：
报表截止日：2014年4月15日　　复核人：张××　　日期：2014年4月16日　　页次：1/1

　　　　　　　　　　　　　询证函　　　　　　　　编号：2014012

××县××镇信用社：

　　××经联社正接受××县农村集体经济审计办公室派出审计组的审计，根据《广东省农村集体经济审计条例》的要求和国家有关法规的规定，应当对××镇××经联社在贵社的银行存款（账号×××9356，户名：××经联社）数额进行核对。下列数据如与贵社记录相符，请在本函下端"数据证明无误"处签章证明；如有不符，请在"数据不符"处列明金额。回函直接寄至××县农村集体经济审计办公室。

　　通信地址：××县城××路××号　　　邮编：××××××
　　电话：××××-××××××　　　　　传真：××××-××××××

　　截至2014年4月15日，××镇××经联社在贵社的存款余额是13 548.71元（大写壹万叁仟伍佰肆拾捌元柒角壹分）。

　　　　　　　　　　　　　　　　　　　　　××镇××经联社（签章）
　　　　　　　　　　　　　　　　　　　　　　　二〇一四年四月十五日

　　结论：1. 数据证明无误　　　2. 数据不符（请列明不符金额）
　　　　　（信用社签章）　　　　　（信用社签章）

　　　　　　　　　　　　　　　　　　　　　　　　2014年4月15日
　　　　　　　　　　　　　　　　　　　　　　　　经办人：秦××

审计结论：

　　信用社在证明数据无误处签了章，这说明银行存款余额与银行存款日记账、总账、银行账户相符，可以确认。

底稿6

银行（信用社）对账单审查表

被审计单位：××镇××经联社　　编制人：李××　　日期：2014年4月11日　　索引号：
报表截止日：2013年12月31日　　复核人：张××　　日期：2014年4月12日　　页次：1/1

时间	信用社对账单				银行存款日记账				备注
	收入		支出		收入		支出		
	笔数	金额（元）	笔数	金额（元）	笔数	金额（元）	笔数	金额（元）	
2013.1	13	719585	9	624370	13	719585	8	592570	
2013.2	17	147930	14	197346	17	147930	14	197346	
2013.3	21	237245	11	187749	20	205445	11	187749	
2013.4	15	217496	10	217844	14	165496	9	165844	
2013.5	18	114735	13	197538	18	114735	13	197538	
2013.6	9	34793	6	110243	9	34793	6	110243	
2013.7	25	161433.34	14	143380.07	24	140433.34	13	122380.07	
2013.8	11	57626	7	130243	11	57626	7	130243	
2013.9	15	124780	16	182354	14	119780	15	177354	
2013.10	14	157698	17	224130	13	151398	16	217830	
2013.11	16	106213	15	192339	16	106213	15	192339	
2013.12	22	271459	19	173783	21	263659	18	165983	
合计	196	2350993.34	151	2581319.07	190	2227093.34	145	2457419.07	

审计说明：

　　将信用社对账单与银行存款日记账逐月核对，发现2013年1月、3月、4月、7月、9月、10月、12月的发生笔数与发生金额均不符。信用社对账单收入笔数196笔计2350993.34元，银行存款日记账190笔，计2227093.34元，相差6笔计123900元；信用社对账单支出笔数151笔计2581319.07元，银行存款日记账145笔计2457419.07元，相差6笔计123900元。

审计结论：

　　可能存在重大舞弊行为。须核查入账支票、总账、库存现金日记账、银行存款日记账，并采取进一步的取证步骤。

附审计证据：信用社对账单（2013年1月至12月）复印件各一份。

银行存款问题审查表

被审计单位：××镇××经联社　编制人：李××　日期：2014年4月14日　索引号：

报表截止日：2013年12月31日　复核人：张××　日期：2014年4月15日　页次：1/1

时间	信用社对账单		库存现金日记账		银行存款日记账		总账银行账户		支票号码	备注
	取款	存款	收入	支出	收入	支出	借方	贷方		
2013.1.28	31800		未记录			未记录		未记录	×××132	
2013.3.6		31800		未记录	未记录		未记录			
2013.4.20	52000		未记录			未记录		未记录	×××718	
2013.4.30		52000		未记录	未记录		未记录			
2013.7.3	21000		未记录			未记录		未记录	×××524	
2013.7.30		21000		未记录	未记录		未记录			
2013.9.17	5000		未记录			未记录		未记录	×××601	
2013.9.30		5000		未记录	未记录		未记录			
2013.10.6	6300		未记录			未记录		未记录	×××612	
2013.10.28		6300		未记录	未记录		未记录			
2013.12.8	7800		未记录			未记录		未记录	×××917	
2013.12.27		7800		未记录	未记录		未记录			
合计	123900	123900								

审计说明：

　　审计组经过研究，向信用社调查取证。核对了所有现金、转账支票，发现号码缺省4张，为作废支票，上述时间内有6张现金支票金额分别为31800元、52000元、21000元、5000元、6300元、7800元；有6张缴款单，数额与支票金额相同。审计组请信用社复印这6张支票及6张缴款单并证明与原件一致。

审计结论：

　　财会人员可能存在舞弊行为，建议县经济监察大队介入。

附审计证据：

　　（1）号码分别为×××132，×××718，×××524，×××601，×××612，×××917现金支票复印件1份；

　　（2）缴款单复印件6份。

第二节 应收款审计

一、应收款审计的目标

应收款审计的目标主要有以下几方面：确定应收款是否存在；确定应收款是否归被审计单位所有；确定应收款增减变动的记录是否完整；确定应收款是否可收回；确定应收款期末余额是否正确。

二、应收款审计的特点

应收款是指村集体经济组织与外单位和外部个人发生的各种应收及暂付款项。应收款主要包括应收租金、应收承包款、应收货款、应收征地款、借出款、代付款、押金等。应收款审计的特点主要有以下三点：

（1）关联性强。租赁、发包、销售、征地、公共事务等经济事项均可能涉及应收款核算。审计应收款，必须结合对这些经济事项的审计，即可以将应收款分类，分别与租赁、发包等经济事项结合起来一起审计。

（2）风险高。由于被审计单位的各种原因，应收款核算常常出现多计、漏计、坏账没有及时核销等问题，在审计时，要注意被审计单位是否存在这些情况。

（3）函证是主要的审计方法之一。应收款是由于与外单位发生经济往来而形成的，所以向外单位函证是应收款审计过程中一种较直接、方便并且必要的审计方法。

三、应收款内部控制制度评审

（1）应收款内部控制制度的一般内容。应收款内部控制制度包括合同签订制度，合同及合同兑现登记制度，借出款项制度，暂借款制度，应收款产生及收回的记录制度，应收款核销制度，追收款项制度等。

（2）应收款内部控制制度的评审方法。审计人员对应收款内部控制制度进行评审，确定被审计单位应收款内部控制制度的设计和执行是否有效实施。主要有以下方法：

①向相关人员了解被审计单位应收款业务情况，了解应收款各项内部控制制度；

②抽查被审计单位转让土地、转让大宗资产、租赁等时是否签订合同，合同签订是否经授权，是否及时做好合同兑现登记；

③抽查借出款项是否经授权；

④抽查暂借款是否经授权；

⑤抽查应收款产生和收回是否及时入账；

⑥抽查应收款核销是否经授权；

⑦抽查被审计单位是否定期向债务人发送对账单并取得对方书面确认；

⑧评价长期投资的内部控制制度。

审计人员完成上述各步骤工作后,取得了有关控制制度是否健全、有效的证据,并在工作底稿中标明了内部控制制度的强弱和依赖程度,进而确定下一步审计工作的程序和重点。

四、应收款的实质性审计

(一) 核对应收款

取得或编制应收款明细表,复核加计正确,并与总账数和明细账合计数核对相符,与报表数核对相符。

(二) 分析应收款账龄

审计人员可以通过编制或取得应收款账龄分析表来分析应收款的账龄,以便了解应收款的可收回性。编制应收款账龄分析表时,可以选择重要的债务人及其余额列示,不重要的或余额较小的,可以汇总列示。应收款账龄分析表如例4-4所示。

【例4-4】 应收款账龄分析表

应收款账龄分析表

年　　月　　日　　　　　　　　　　　　　　金额单位:万元

序号	债务人名称	期末余额	账龄				备注
			1年以内	1～2年	2～3年	3年以上	
	合　计						

(三) 向债务人函证应收款

应收款函证是指直接发函给被审计单位的债务人,要求核实被审计单位应收款的记录是否正确的一种审计方法。函证应收款的目的是证实应收款账户余额的真实性、正确性,防止或发现被审计单位及其有关人员在有关经济业务中发生的差错或弄虚作假、营私舞弊行为。通过函证,可以比较有效地证明债务人的存在和被审计单位记录的可靠性。询证函由审计人员利用被审计单位提供的应收款明细账户名称及客户地址等资料据以编制,但询证函的寄发一定要由审计人员亲自进行。

1. 函证的范围和对象

(1) 函证范围的确定。审计人员一般应在全部应收款中选取适应样本进行函证。审计人员确定应收款函证样本量应考虑的因素主要有以下几个方面:

①应收款在全部资产中的重要性。如果应收款在资产总额中所占比重较大则应选择较多样本。

②被审计单位内部控制的强弱。若内部控制制度较健全,则可以相应减少函证量;反之,则应相应扩大函证范围。

③以前期间的函证结果。若以前期间函证中发现过重大差异,或欠款纠纷较多,则函证范围应相应扩大一些。

④函证方式的选择。若采用积极式函证,则可以相应减少函证量;若采用消极式函证,则要相应增加函证量。

(2)函证对象的确定。一般情况下,审计人员应选择以下项目作为函证对象:①大额或账龄较长的项目;②主要客户(包括关系密切的客户)项目;③与债务人发生纠纷的项目;④关联方项目;⑤交易频繁但期末余额较小甚至余额为零的项目;⑥非正常项目。

2. 函证的方式

函证方式分为积极式函证和消极式函证两种。

(1)积极式函证,就是向债务人发出询证函,要求其证实所函证的欠款是否正确、无论对错都要求复函。积极式询证函参考格式如下:

询 证 函

编号:

×××:

×××镇政府派出审计组正在对本单位进行×××审计,需核实本单位和贵单位往来账目。下列数据出自本单位的账簿记录,如与贵单位记录相符,请在本函下端"数据证明无误"处签章证明;如有不符,请在"数据不符"处列明不符事项和金额并签章证明。回函请直接寄至×××镇农资办。

通信地址: 电话: 传真:

1. 本单位与贵单位的往来账项列示如下:

截止日期	贵单位欠	欠贵单位	备注
20××年×月×日			

2. 其他事项:_____

本函仅为复核账目之用,并非催款结算。若款项在上述日期之后已经付清,仍请及时回函为盼。

(被审计单位签章) 日期:

结论:1. 数据证明无误

(签章) 日期:

2. 数据不符,请列明不符金额

(签章) 日期:

(2) 消极式函证，也是向债务人发出询证函，但所函证的款项相符时不必复函，只有在所函证的款项不符时才要求债务人向审计人员复函。

(3) 函证方式的选择。

当符合下列情况时，采用积极式函证较好：①被审计单位个别账户的欠款金额较大；②审计人员有理由相信欠款可能会存在争议、差错等问题。

当符合以下所有条件时，可以采用消极式函证：①被审计单位相关的内部控制是有效的，固有风险和控制风险评估为低水平；②审计人员预计应收款差错率较低；③欠款余额小的债务人数量很多；④审计人员有理由确信大多数被函证者能认真对待询证函，并对不正确的情况予以反馈。

有时候两种函证方式结合起来使用可能更适宜：对于大金额账项采用积极式函证，对于小金额账项则采用消极式函证。

3. 函证的控制

审计人员应当直接控制询证函的发送和回收。对于因无法投递而退回的信函要进行分析处理，查明是由于被函证者地址迁移或差错而致使信函无法投递，还是这笔应收款本来就是一笔假账。如果被询证者以传真、电子邮件等方式回函，审计人员应当直接接收，并要求被询证者寄回询证函原件。对于采用积极函证方式而没有得到复函的，审计人员应当考虑对重要的账户余额或其他信息再次函证，一般说来，若第二次乃至第三次发送询证函，如果仍得不到答复，审计人员则应考虑采用必要的替代审计程序。例如审查有关的文件，包括租赁、发包等合同、有关收据等，以验证这些应收款的真实性。审计人员可通过函证结果汇总表来加以控制。函证结果汇总表如例4-5所示。

【例4-5】 函证结果汇总表

函证结果汇总表

函证编号	债务人名称	债务人地址	函证日期		账面金额	函证结果	差异金额及说明	审定金额
			第一次	第二次				

4. 函证结果差异的分析

收回的询证函若有差异，审计人员应对此进行分析，寻找差异的原因，并应与债务人直接联系，作进一步核实。

5. 对函证结果的总结和评价

审计人员应当将询证函回函作为审计证据，纳入审计工作底稿管理，并将函证的过程和情况记录在工作底稿中，据以总结和评价应收款的情况。审计人员对函证结果可进行如下评价：

（1）审计人员应再次考虑以下方面：对内部控制的原有评价是否适当；控制测试的结果是否适当；分析性复核的结果是否适当；相关的风险评价是否适当；等等。

（2）如所有函证结果表明没有审计差异，则审计人员可以合理地推论，全部应收款总体是正确的。

（3）如果函证结果表明存在审计差异，审计人员则应当估算应收款总额中可能出现的累计差错是多少，估算未函证的应收款的累计差错是多少。为取得对应收款累计差错更加准确的估计，也可以进一步扩大函证范围。

（四）请被审计单位协助，在应收款明细表上标出至审计时已收回的应收款金额

对已收回金额较大的款项进行常规审查，如核对收款凭证、银行对账单等，并注意凭证发生日期的合理性。

（五）审查未函证应收款

由于审计人员不可能对所有应收款进行函证，因此，对于未函证应收款，审计人员应抽查有关原始凭据，如租赁合同、收款票据存根等，以验证与其相关的这些应收款的真实性。

（六）审查坏账的确认和处理

首先，审计人员应审查有无债务人破产或者死亡的，以及破产或以遗产清偿后仍无法收回的，或者债务人长期未履行清偿义务的应收款；其次，应审查被审计单位坏账的处理是否经授权批准，有关会计处理是否正确。

（七）审查外币应收款的折算

对于用非记账本位币（通常为外币）结算的应收款，审计人员应审查被审计单位外币应收款的增减变动是否按业务发生时的市场汇率或期初市场汇率折合为记账本位币金额，所选折合汇率前后各期是否一致；期末外币应收款余额是否按期末市场汇率折合为记账本位币金额；折算差额的会计处理是否正确。

（八）分析应收款明细账的余额

应收款明细账的余额一般在借方。在分析应收款明细账余额时，审计人员如果发现应收款出现贷方明细余额的情形，就应查明原因，必要时建议作重分类调整。

五、应收款审计工作底稿

应收款审计主要的工作底稿有：
①应收款账龄分析表；
②函证结果汇总表；
③转让土地款类应收款审定表；
④转让大额资产类应收款审定表；
⑤租赁类应收款审定表；

⑥借出款类应收款审定表；
⑦其他应收款审定表；
⑧坏账损失及坏账准备审定表。

六、应收款审计案例——工作底稿范例

底稿1

租金类应收款审定表

被审计单位：三和经联社　编制人：王×× 　日期：2015.2.10　索引号：
截止日期：2014.12.31 　复核人：李×× 　日期：2015.2.11　页　次：

户名	租金	拖欠周期	拖欠金额（元）	到审计时已偿还金额（元）	合同是否终止	对应固定资产
伟业厂	12715元/月	1个月	12715.00			一区A厂
东达厂	9375元/月	3个月	28125.00	28125.00		一区D厂
傲斯科厂	3241元/月	14个月	45374.00	6482.00		二区东厂
南意厂	20900元/月	1个月	20900.00			南意厂
	15000元/年	2年	30000.00			
方特厂	6000元/月	1个月	6000.00		已终止	旧祠堂
凯元厂	5200元/月	1个月	5200.00			旧祠堂
……						
马康华	5721元/月	6个月	34326.00	34326.00		风口坡（地租）
合计			211466.00	93255.00		

审计说明：

　　在查阅南意厂合同时，发现南意厂每月租金为20900元，另外每年年终向村支付当年的管理费15000元，而东达厂、傲斯科厂是每个月向村支付管理费并且将这部分管理费作为厂租的一部分。询问会计是否还有其他厂每年年终一次向村支付当年管理费，会计说没有。

　　查阅2014年账簿，发现南意厂未支付当年管理费。经审阅合同，南意厂是在2012年5月开始租用村的厂房和计租，发现2014年年初"应收款——南意厂"余额中，并没有包括2013年的管理费。经查阅2013年账簿发包及"上交收入"账户，没有发现收到2013年的管理费，在查阅"应收款"账户时，发现2013年年初"应收款——南意厂"余额中，包括2012年的管理费15000元，3月1号凭证显示，南意厂已支付2012年的管理费。

　　经函证，南意厂承认没有支付2013年、2014年的管理费共30000元。

　　经审计，三和经联社没有按合同收取南意厂2013年、2014年管理费30000元，账簿的应收款账户上也没有反映这两年管理费欠款。

（续表）

审计结论：
没有将应收未收的南意厂管理费收入 30000 元记入应收款，与《村集体经济组织会计制度》中有关收入和支出的核算采用权责发生制原则的规定不符。致使集体经济收入少计 30000 元，应调整账务，分录为： 　　借：应收款——南意厂　　　　　30000 　　　贷：收益分配——未分配收益　　30000
附审计证据： 　1. 南意厂询证复函； 　2. 南意厂应收款明细账复印件； 　3. 南意厂合同复印件； 　4. 2013 年 3 月 1 号凭证所附的收款收据复印件。

底稿 2

坏账审定表

被审计单位：三和经联社　　编制人：王文玉　　日期：2015.2.8　　索引号：
截止日期：2014.12.31　　复核人：李家伍　　日期：2015.2.11　　页　次：

户名	期末余额	欠款内容	入账时间	凭证编号
方特厂	6000	一个月厂租	2011 年 12 月	12

审计说明：
经审计，方特厂已倒闭三年多，所欠的 6000 元厂租已不能收回。

审计结论：
方特厂已倒闭三年多，所欠的 6000 元租金已成坏账，但没有冲销，与《村集体经济组织会计制度》"……确实无法收回的款项，按规定程序批准核销后，计入其他支出"的规定不符。村委会应按程序给予核销。

附审计证据： 　1. 原始凭证复印件 1 份； 　2. 调查记录 4 份。

底稿3

借出款类应收款审定表

被审计单位：三和经联社　　编制人：李家伍　　日期：2015.2.4　　索引号：
截止日期：2014.12.31　　复核人：袁婉　　日期：2015.2.11　　页　次：

借款人	金额（元）	借款日期	借款事由	月利率（‰）	利息支付情况
李欢	400 000.00	2012.5.4	工厂扩产	5	及时
李豪立	120 000.00	2012.7.10	资金周转	5	及时
方柱稳	100 000.00	2013.6.28	资金周转	5	及时
张效海	200 000.00	2013.7.20	资金周转	5	及时
李明林	200 000.00	2014.1.15	资金周转	5	拖欠三个月
合计	1 020 000.00				

审计说明：
　　经审计，2012年至2014年，村以月息5厘借给李欢等5人1 020 000元。其中李欢借款原因为工厂扩产，其余四人借款原因为资金周转。借款时没有签订借款合同，没有担保、抵押，仅由借款人写了一张借条并注明借款利率。至2014年底，李明林拖欠三个月的利息共计3 000元，且未进行账务处理。

审计结论：
　　将1 020 000元集体资金外借给个人。根据《非法金融机构和非法金融业务活动取缔办法》第四条规定，该行为属非法金融业务活动。三和经联社应立即收回全部借款及利息。同时调整会计分录：
　　　　借：应收款——李明林　　　　　　3 000
　　　　　　贷：收益分配——未分配收益　　3 000

附审计证据：
　　1. 借条复印件5份；
　　2. 调查记录7份；
　　3. 询证复函书5份。

底稿 4

转让土地款类应收款审定表

被审计单位：三和经联社　　编制人：袁婉　　日期：2015.2.4　　索引号：
截止日期：2014.12.31　　复核人：王文玉　　日期：2015.2.11　　页　次：

户名	转让日期	总转让款（元）	已交（元）	未交（元）	拖欠原因
李志昌	2014.3.10	300 000.00	150 000.00	150 000.00	村未搞好"三通一平"
陈继云	2014.3.10	425 000.00	230 000.00	175 000.00	村未搞好"三通一平"
伟业厂	2013.6.6	1 130 000.00	30 000.00	1 100 000.00	周转困难

审计说明：
　　经审计，上述经济事项均与相关合同、征地文件相符。但伟业厂购地款 1 100 000 元超过一年仍未收回，村委会仅由出纳通过电话追收，没有采取其他有效追收措施。

审计结论：
　　伟业厂购地款 1 100 000 元超过一年仍未收回，村委会没有采取切实有效的追收措施，与《村集体经济组织会计制度》"村集体经济组织对拖欠的应收款项要采取切实可行的措施积极催收"的规定不符。村委会应采取积极措施收回。

附审计证据：
　　1. 原始凭证复印件 6 份；
　　2. 有关合同复印件 3 份；
　　3. 有关征地文件复印件 3 份；
　　4. 询证复函书 3 份；
　　5. 调查记录 4 份。

> 底稿 5

应收款函询结果汇总表

被审计单位：三和经联社　　编制人：李家伍　　日期：2015.2.10　　索引号：
截止日期：2014.12.31　　复核人：王文玉　　日期：2015.2.10　　页　次：

户名	期末余额（元）	是否收到回函	回函直接确认金额	备注
伟业厂	12 715.00	√	√	
东达厂	28 125.00	√	√	
傲斯科厂	45 374.00	√	√	
南意厂	50 900.00	√	√	
⋮	⋮	⋮	⋮	
李明林	200 000.00	√	√	

审计说明：
　　除方特厂外，对其余所有应收款明细账户进行了函证。其中，南意厂的期末余额为50 900元，包括没有在账上反映的两年未交管理费30 000元。询证函全部收回，回函全部确认欠款金额。

审计结论：确认以上应收款余额。

附审计证据：询证复函。

第三节　库存物资审计

一、库存物资审计的目标

（1）确定库存物资成本是否真实发生。
（2）确定库存物资成本的归集和计算是否符合制度规定。
（3）确定库存物资成本的计算对象、计算方法的正确性。
（4）确定库存物资在会计报表上的披露是否恰当。

二、库存物资审计的特点

（1）重要性。农村集体经济组织的库存物资一般都比较少，但在其属下企业的流动资产中却占有相当大的比重，库存物资价值的确定影响着企业的财务状况和经营成果，因此，库存物资审计结果对财务状况和经营成果等项目的审计结果具有重大的影响。

（2）复杂性。库存物资包括原材料、燃料、包装物、低值易耗品、产成品、在产品、库存商品等项目,种类繁多、收发频繁、流动性大、计价复杂,容易产生错误和舞弊,这些都决定了库存物资审计的复杂性。

(3) 效益性。加强对库存物资的审计,目的是揭示库存物资业务中的差错弊端,保证库存物资的真实性、完整性,降低产品成本和费用,提高企业的经济效益。

三、库存物资内部控制制度的评审

对库存物资内部控制制度进行审查时,应重点审查以下方面:

(1) 审查库存物资管理不相容职务分工制度。授权与执行库存物资的采购、发出业务职务是否分离;采购与保管库存物资的职务是否分离;保管与记录库存物资的职务是否分离;记录与稽核库存物资的职务是否分离等。

(2) 审查库存物资业务程序。库存物资的采购是否编制计划,有无签订合同、批准等制度,并按程序进行;库存物资的出入库是否建立严格的检验制度和履行必要的手续;库存物资的领用是否建立严格的管理制度。

(3) 审查库存物资保管制度。是否建立严密的保管制度,有无防火、防水、防盗等安全防范措施。

(4) 审查库存物资的定期盘点和对账制度。库存物资是否定期由有关部门进行盘点,对盘点发现的盘盈、盘亏,以及过时、变质毁损等库存物资,是否及时查明原因,做出相应处理,及时调整账目;库存物资是否定期进行总账、明细账、保管卡的核对,发现差错是否及时更正,等等。

四、库存物资的实质性审计

(一) 库存物资采购业务的审计

采购业务是库存物资业务的起点,它是影响库存物资增加和现金支付的极为重要的环节,其记录是整个库存物资记录是否恰当的基础。对库存物资采购业务审查时,主要内容如下:

(1) 审查库存物资采购业务的真实性、合法性和正确性。审查重点有:审查单证资料;审查品质数量;审查库存物资来源和价格,例如采购的渠道是否合理,价格是否正常,有无舍近求远、舍优求劣等情况。如有疑点,应根据线索详细调查,查明原因并给予纠正。

(2) 审查库存物资采购成本的构成和成本计算是否真实、合规、正确。审查重点有:成本构成是否符合会计制度的规定,应计入库存物资采购成本的买价、运输费、装卸费、保险费、途中合理损耗、入库前的挑选整理费及应缴纳的税金是否全都计入,有无将超过合理标准和非正常原因造成的损耗也计入采购成本的情况;采购过程中发生的共同费用分配是否合理,成本计算方法的选用是否恰当,采购成本的计算是否正确等。

(3) 审查库存物资采购业务账务处理的真实性、合理性和正确性。审查重点有：库存物资采购业务发生的买价及采购费用的账务处理是否正确；库存物资采购总账与明细账记录是否一致，期末余额是否相等；对实行计划成本核算的企业，还要审查库存物资采购成本差异的计算和结转是否正确等。

(4) 审查库存物资验收入库的真实性和正确性。审查重点有：购入库存物资是否经过检验；验收入库时是否将发票、合同、检验单等单据核对一致；库存物资短缺或质量不符是否及时处理；库存物资入库单是否与实物数量相符等。

(二) 库存物资发出业务的审计

库存物资的发出业务，主要包括领用材料、产品，销售产品或对外销售多余材料等。审查时，应根据各类库存物资发出明细账及出库凭证等资料来进行。审查的主要内容有：

(1) 审查库存物资发出业务的真实性、合法性和正确性。对于这一内容的审查，应从以下几方面进行：一是库存物资发出业务是否以计划、定额、合同为依据，并办理了审批手续。二是库存物资发出业务的凭证和手续是否合规、齐全。如材料领用是否有领料单，领料单填写是否规范，用途及使用部门等是否填写清楚，有无涂改现象；产成品发出有无发货单、提货单，手续是否齐全等。三是库存物资发出的数量是否合理、正确。如材料按定额发出时，其定额是否合理，领用数量与生产任务是否一致，有无贪污或浪费情况，多余材料是否办理退库手续；委托加工发料同应收回的材料是否相符等。

(2) 审查库存物资发出成本的合规性和正确性。对于这一内容的审查，应从以下几方面进行：一是库存物资发出成本的计价方法是否符合会计制度的规定。按实际成本核算的企业，在库存物资发出时，是否选用了先进先出法、加权平均法、后进先出法等制度规定的方法。二是库存物资发出成本的计价是否正确。按实际成本计价的，是否按规定的各种方法正确地计算库存物资发出成本，有无多计或少计的情况；按计划成本计价的，在库存物资发出后，是否正确地分摊库存物资成本差异，有无差异率计算不准确，甚至不分摊差异情况。三是库存物资计价方法是否遵循了一贯性原则，有无随意变更方法，造成成本不实，致使利润虚假的问题。

(3) 审查库存物资发出业务账务处理的真实性、合规性和正确性。对于这一内容的审查，主要是查明生产用库存物资或销售用库存物资账务处理是否正确。

(三) 库存物资期末实有数与保管情况的审计

库存物资期末实有数与保管情况的审计，是确定库存物资是否确实存在，是否归被审计单位所有，库存物资储存是否科学、合理。审查的主要内容有：

(1) 审查库存物资会计记录的真实性和正确性。审计人员可以首先核对"物资采购""在产品""产成品""原材料""包装物""低值易耗品""材料成本差异""委托加工物资"等科目的明细账余额与总账是否相符，如不符，应进一步查明原因。

（2）核实库存物资实物数量。核实库存物资实物数量，可通过库存物资盘点的方式进行，这是库存物资审计的必要程序。审计人员应该参与被审计单位库存物资盘点前的规划，这样可以掌握企业库存物资的基本情况和盘点安排；盘点开始时，审计人员应到达现场，观察或监督库存物资盘点的全过程。还应注意的是，被审计单位库存物资中有无混进废料或毁损物品，有无代人保管或来料加工的库存物资等。

（3）核实库存物资价值。在确认库存物资实际数量的基础上，审计人员可按照会计制度规定的计价原则，结合企业选用的计价方法，复核企业库存物资价值的真实性和正确性。复核库存物资价值可抽查一部分库存物资，按照其采用的计价方法的不同，分别予以验算。验证时，要注意计价方法的采用是否遵循了一贯性原则。

（4）审查库存物资的保管情况。审计人员不仅要核实库存物资数量和价值，还应对企业库存物资的保管情况进行必要的审查。审查时，主要是查明库存物资是否处于较好的状态，品种、规格和质量等是否能满足企业生产经营活动和市场销售的需要；是否存在陈旧、滞销或毁损的库存物资；库存物资的保管是否安全完整，有无安全保护措施等。具体审查方法主要有：审阅库存物资记录中有关库存物资等级、规格等记录是否与实物一致；阅读库存物资的标准、技术等，了解库存物资的质量要求；采用观察、仪器测量等技术手段，检测库存物资质量；必要时，也可以聘请有关方面的专业人员进行鉴定。

五、库存物资审计工作底稿

库存物资审计工作底稿常见的有：
①库存物资内部控制调查表；
②库存物资内部控制符合性测试表；
③库存物资采购业务审定表；
④库存物资发出业务审定表；
⑤库存物资实物盘存审定表；
⑥库存物资期末余额审定表；
⑦库存物资减值准备审定表。

六、库存物资审计案例——工作底稿范例

底稿1

宏发厂调查情况审定表

被审计单位	B村宏发加工厂		编制人	cc	日期：2014.06.05	索引号	×
时　　间	2014.06.01—2014.06.05		复核人	aa	日期：2014.06.06	页次	×
调查对象	职务		调查内容		调查结果		备注
李××	B村书记兼宏发厂厂长		宏发厂库存物资管理制度		该厂未建立有效的内部控制制度		
陈××	B村主任兼宏发厂副厂长（负责销售工作）		产品销售的方式		根据客户订货情况安排生产，以销定产		
张××	宏发厂副厂长（负责材料采购和车间管理）		材料采购		材料供应商只有吉林省××公司，材料经铁路运输		
王××	宏发厂会计		工资计算方式和单位产品耗电量、成本核算		该厂采用计件工资，单位产品工耗平均为1元。单位产品耗电量大约为0.5千瓦·时。没有成本核算		
林××	采购员		材料采购相关费用		材料采购存在虚假报账		
刘××	仓管员		物资管理情况		没有出仓入仓登记		
王×、林×等5人	村民（原宏发厂生产工人）		工资计算方式和工资水平		该厂采用计件工资，每件0.8元		
审计说明： 　1. 经审查相关资料和调查有关负责人，该厂没有内部控制制度； 　2. 该厂根据客户订货再进行生产，不可能存在产品积压； 　3. 会计和生产工人对单位产品工资说法不一致； 　4. 材料采购相关费用比例差异较大。							
审计结论： 　1. 库存物资管理混乱，存在较多漏洞； 　2. 产品产量、销量的真实性可疑，应重点审核； 　3. 材料采购存在虚假，需要重点审核。							
附：调查记录7份							

库存物资审定表

单位：元

被审计单位	B村宏发加工厂		编制人	bb	日期	2014.06.02	索引号		×	
时间	2014.06.02		复核人	cc	日期	2014.06.02	页次		×	
编号	名称	计量单位	单价	实存数		账存数		对比结果		存放地点
				数量	金额	数量	金额	盘盈	盘亏	
	原材料	件	5	16000	80000	0	0	80000		仓库
	包装物	件	0.5	20000	10000	0	0	10000		仓库
	低值易耗品A	件	25	120	3000	0	0	3000		仓库
	低值易耗品A	件	10	100	1000	0	0	1000		仓库
	低值易耗品B	件	10	150	1500	0	0	1500		仓库
	低值易耗品C	件	15	100	1500	0	0	1500		仓库
	低值易耗品D	件	18	150	2700	0	0	2700		仓库
	低值易耗品E	件	15	20	300	0	0	300		仓库
	合计				100000	0	0	100000		

审计说明：
1. 该厂停产日至盘点日未发生进出仓业务，故推定盘点日数据为停产日实存数。
2. 该厂没有物资进仓、出仓的记录，故盘点数推定为盘盈数。
3. 盘盈库存物资的价值按该厂最后一次购买的单价计算。

审计结论：盘盈库存物资10万元。

附：宏发加工厂库存物资盘点表

产品生产情况分析表

（推算依据：耗电量）

被审计单位	B村宏发加工厂		编制人	cc	日期	2014.06.06	索引号	×
时间	2011.07.15—2014.03.31		复核人	bb	日期	2014.06.07	页次	×
项目 时间	当月耗电量 （千瓦·时）	单位产品耗电量（千瓦·时/件）			当月产量（件）		
		当月账面产量平均	最低月份平均	差额	按最低耗电量推算	账面数	差额
2011年8月	1500	0.5	0.5		3000	3000	0
2011年9月	5000	0.5	0.5		10000	10000	0
2011年10月	20000	1.0	0.5	0.5	40000	20000	20000

(续表)

项目\时间	当月耗电量（千瓦·时）	单位产品耗电量（千瓦·时/件）			当月产量（件）		
		当月账面产量平均	最低月份平均	差额	按最低耗电量推算	账面数	差额
2011年11月	5000	0.5	0.5		10000	10000	0
2011年12月	5000	0.5	0.5		10000	10000	0
2012年1月	15000	0.5	0.5		30000	30000	0
2012年2月	5000	0.5	0.5		10000	10000	0
2012年3月	5000	0.5	0.5		10000	10000	0
2012年4月	10000	0.5	0.5		20000	20000	0
2012年5月	10000	1.0	0.5	0.5	20000	10000	10000
2012年6月	10000	1.0	0.5	0.5	20000	10000	10000
2012年7月	30000	0.67	0.5		60000	45000	15000
2012年8月	20000	0.67	0.5	0.17	40000	30000	10000
2012年9月	10000	1.0	0.5	0.5	20000	10000	10000
2012年10月	5000	0.5	0.5		10000	10000	0
2012年11月	5000	0.5	0.5		10000	10000	0
2012年12月	10000	0.67	0.5	0.17	20000	15000	5000
2013年1月	12500	0.5	0.5		25000	25000	
2013年2月	16500	1.1	0.5	0.6	35000	15000	10000
2013年3月	7500	0.75	0.5	0.25	15000	10000	5000
2013年4月	5000	0.5	0.5		10000	10000	0
2013年5月	20000	0.67	0.5	0.17	40000	30000	10000
2013年6月	15000	0.75	0.5	0.25	30000	20000	10000
2013年7月	27500	0.78	0.5	0.28	55000	35000	20000
2013年8月	15000	0.75	0.5	0.25	30000	20000	10000
2013年9月	20000	0.8	0.5	0.3	40000	25000	15000
2013年10月	15000	0.75	0.5	0.25	30000	20000	10000
2013年11月	10000	0.67	0.5	0.17	20000	15000	5000
2013年12月	10000	0.5	0.5		20000	20000	0
合计	359000	0.66	0.5	0.11	718000	543000	175000
2014年1月							
2014年2月	没有生产产品						
2014年3月							

> 续表

审计说明：
1. 该厂没有产品出仓、入仓资料，经调查有关人员和该厂原生产工人，该厂产品加工程序简单，每天下班后都没有在产品，所以当月用电量都是当月完工产品耗用。
2. 经初步分析，各月单位产品平均耗电量波动较大，有 17 个月产量与耗电量比例不正常。
3. 该厂账面累计产品产量与累计销量一致。
4. 按最低耗电量推算的产品总产量与账面数相差 175000 件。
审计结论：该厂存在隐瞒产量、销量的嫌疑，存在设账外账的可能。
附件：关于该厂加工程序、在产品情况的调查记录

（调查记录略）

产品生产情况分析表
（推算依据：计件工资）

被审计单位	B 村宏发加工厂		编制人	bb	日期	2014.06.08	索引号	×
时间	2011.07.15—2014.03.31		复核人	cc	日期	2014.06.09	页次	×

项目 时间	生产工人工资总额（元）	计件工资（元/件）			产量（件）		
		调查结果	账面数	差额	按调查结果计算	账面	差额
2011 年 8 月	2400	0.8	0.8	0	3000	3000	0
2011 年 9 月	8000	0.8	0.8	0	10000	10000	0
2011 年 10 月	32000	0.8	1.6	0.8	40000	20000	20000
2011 年 11 月	8000	0.8	0.8	0	10000	10000	0
2011 年 12 月	8000	0.8	0.8	0	10000	10000	0
2012 年 1 月	24000	0.8	0.8	0	30000	30000	0
2012 年 2 月	8000	0.8	0.8	0	10000	10000	0
2012 年 3 月	8000	0.8	0.8	0	10000	10000	0
2012 年 4 月	16000	0.8	0.8	0	20000	20000	0
2012 年 5 月	16000	0.8	1.6	0.8	20000	10000	10000
2012 年 6 月	16000	0.8	1.6	0.8	20000	10000	10000
2012 年 7 月	46000	0.8	1.02	0.22	60000	45000	15000
2012 年 8 月	32000	0.8	1.07	0.27	40000	30000	10000
2012 年 9 月	16000	0.8	1.6	0.8	20000	10000	10000
2012 年 10 月	8000	0.8	0.8	0	10000	10000	0
2012 年 11 月	8000	0.8	0.8	0	10000	10000	0

续表

项目 时间	生产工人工资总额（元）	计件工资（元/件）			产量（件）		
		调查结果	账面数	差额	按调查结果计算	账面	差额
2012年12月	16000	0.8	1.07	0.27	20000	15000	5000
2013年1月	20000	0.8	0.8	0	25000	25000	
2013年2月	28000	0.8	1.87	1.07	35000	15000	10000
2013年3月	12000	0.8	1.2	0.4	15000	10000	5000
2013年4月	8000	0.8	0.8	0	10000	10000	0
2013年5月	32000	0.8	1.07	0.27	40000	30000	10000
2013年6月	24000	0.8	1.2	0.4	30000	20000	10000
2013年7月	44000	0.8	1.26	0.46	55000	35000	20000
2013年8月	24000	0.8	1.2	0.4	30000	20000	10000
2013年9月	32000	0.8	1.28	0.48	40000	25000	15000
2013年10月	24000	0.8	1.2	0.4	30000	20000	10000
2013年11月	16000	0.8	1.07	0.27	20000	15000	5000
2013年12月	16000	0.8	0.8	0	20000	20000	0
2014年1月	0	0	0	0	0	0	0
2014年2月	0	0	0	0	0	0	0
2014年3月	0	0	0	0	0	0	0
合计	574400				718000	543000	175000

审计说明：

1. 该厂没有产品出仓、入仓资料，经调查有关人员和该厂原生产工人，该厂产品加工程序简单，每天下班后都没有在产品。所以工耗都是当月完工产品耗用。

2. 经初步分析，有17个月单位产品工资不正常。经调查该厂原生产工人，该厂经营期间都按每件0.8元计发工资（附调查记录）。

3. 该厂没有计发工资的明细资料，每月工资单上只反映各人工资额，没有反映计算标准和工作量。

4. 该厂账面累计产品产量与累计销量一致。

5. 按最低耗电量推算的产品总产量与账面数相差175000件。

6. 经调查该厂有关人员，在无法解释单位产品工耗波动较大的情况下，承认存在账外账（附调查记录），该厂原会计也于6月7日将账外账的全部资料交给审计组。

审计结论：该厂隐瞒产量、销量，设账外账。

附件：1. 关于该厂工资计发方式调查记录10份；

   2. 关于该厂设账外账的调查记录3份。

（调查记录略）

底稿 5

材料采购相关费用审定表

被审计单位	B 村宏发加工厂	编制人	cc	日期	2014.06.08	索引号	×
截止日期	2014.03.31	复核人	bb	日期	2014.06.09	页次	×

日 期	原材料金额（万元）	票据种类	铁路运输费（元）	货场管理费（元）	汽车运输费（元）	审定结果
2011.08.08	30	发票	3000	300	600	费用比例正常
2011.11.02	20	发票	2000	200	400	费用比例正常
2012.01.03	15	发票	1500	150	300	费用比例正常
2012.01.20	12.7	发票	0	0	0	费用比例不正常
2012.02.15	10	发票	1000	100	200	费用比例正常
2012.04.11	30	发票	3000	300	600	费用比例正常
2012.05.20	15	发票	0	0	0	费用比例不正常
2012.07.03	50	发票	5000	500	1000	费用比例正常
2012.09.03	30	发票	3000	300	600	费用比例正常
2013.01.07	40	发票	4000	400	800	费用比例正常
2013.02.27	20	收据	0	0	0	费用比例不正常
2013.03.07	25	发票	2500	250	500	费用比例正常
2013.05.14	35	发票	3500	350	700	费用比例正常
2013.06.07	25	收据	0	0	0	费用比例不正常
2013.07.07	28	发票	2800	280	560	费用比例正常
2013.08.09	35	发票	3500	350	700	费用比例正常
2013.09.25	25	收据	0	0	0	费用比例不正常
2013.10.12	30	发票	3000	300	600	费用比例正常
2013.11.03	21	收据	0	0	0	费用比例不正常
2013.11.10	10	发票	1000	100	200	费用比例正常
2013.12.07	15	收据	0	0	0	费用比例不正常
合 计						

审计说明：
  1. 该厂材料采购运输途径只有铁路运输，必须有铁路运输费用、铁路货场管理费用、汽车运输费用。近三年中，有 7 次材料采购共 133.7 万元没有发生铁路运输费、铁路货场管理费、汽车运输费等相关费用。经与采购员林××、会计王××、出纳江××谈话，他们在无法作出合理解释的情况下，已如实供认假采购（具体见调查笔录）。
  2. 上述材料采购及相关费用比例不正常部分均为虚假采购。

审计结论：材料采购虚假报账 133.7 万元。

附件：1. 材料采购虚假报账凭证复印件；
   2. 与采购员林××、会计王××、出纳江××谈话调查记录三份。

（调查记录略）

底稿6

宏发厂账外账收支情况审核表

被审计单位	B村宏发加工厂		编制人	bb	日期	2014.06.09	索引号	×
时 间	2011.10.15—2014.03.31		复核人	cc	日期	2014.06.10	页次	×

项目	收 入（万元）			支 出（万元）			
	合计	虚报材料转入款	隐瞒销售收入转入款	合计	年终奖	节日补助	季度奖
2011年10月	20		20	1.8		1.8	
2011年11月							
2011年12月				3.6		3.6	
2012年1月	12.7	12.7		26.8	25	1.8	
2012年2月							
2012年3月							
2012年4月							
2012年5月	25	15	10	3.6		3.6	
2012年6月	10		10	5			5
2012年7月	15		15				
2012年8月	10		10				
2012年9月	10		10	6.8		1.8	5
2012年10月				1.8		1.8	
2012年11月							
2012年12月	5		5	6.8		1.8	5
2013年1月				45	45		
2013年2月	30	20	9				
2013年3月			5	8			8
2013年4月				3		3	
2013年5月	10		10				
2013年6月	35	25	10	11		3	8
2013年7月	20		20				
2013年8月	20		20	3		3	
2013年9月	40	25	15	11		3	8
2013年10月	10		10				
2013年11月	26	21	5				
2013年12月	15	15		18		6	12
2014年1月				54	54		

续表

项目	收入（万元）			支出（万元）			
	合计	虚报材料转入款	隐瞒销售收入转入款	合计	年终奖	节日补助	季度奖
2014年2月				6	6		
2014年3月				6			6
合计	308.7	133.7	175	221.2	124	40.2	57

审计说明：
　　审计日该厂账外账收支结余87.5万元，由出纳江××保管。

审计结论：
　　1. 该厂有关人员通过材料采购虚假报账、设账外账的方式私分公款221.2万元。
　　2. 出纳江××保管账外账资金87.5万元，应立即归公。

附件：
　　1. 设账外账收支单据复印件；
　　2. 账外账存折复印件。

底稿7　　　　　　　　宏发厂经营效益审定表

单位：元

被审计单位	B村宏发加工厂	编制人	bb	日期	2014.06.11	索引号	×
时间	2011.07.15—2014.03.31	复核人	cc	日期	2014.06.11	页次	×

项目	账面累计数	调整数	审定累计数	备注
一、产品销售收入	5 430 000	+1 750 000	7 180 000	
减：产品销售成本	6 301 000	-1 337 000	4 964 000	
产品销售费用	89 700		89 700	
产品销售税金及附加	273 600	+88 177	361 777	应补交
二、产品销售利润	-1 234 300	+2 998 823	1 764 523	
加：其他销售利润	100 000		100 000	
减：管理费用	785 000	-350 000	435 000	
财务费用	-53 400		-53 400	
三、营业利润	-1 865 900	+3 348 823	1 482 923	
加：投资收益				
营业外收入	15 000		15 000	
减：营业外支出	20 000		20 000	
四、利润总额	-1 870 900	+3 348 823	1 477 923	
减：应交所得税	0	+487 714	487 714	应补交
五、净利润	-1 870 900	+2 861 109	990 209	

审计说明：
1. 产品销售收入调整数为账外账产品销售收入（详见《宏发厂账外账收支审核表》）。
2. 产品销售成本调整数为材料采购虚假报账计入成本数（详见《材料采购及相关费用审定表》）。
3. 管理费用中有 35 万元为村干部奖金。根据××县 2008 年 1 月 1 日实施《××县农村干部工资报酬计算办法》第×条规定，村干部不得在村办企业领取工资、奖金，应从管理费用中扣减。
4. 由于该厂账面反映为亏损，经重新核算，利润总额为 1477923 元。
5. 根据当地税务机关认定，应补交销售税金及附加 88177 元、所得税 487714 元。

审计结论：
1. 该厂经营期间账面亏损 1870900 元失实。经审计，经营期间利润总额为 1477923 元，净利润 990209 元。
2. 应补交税金 575891 元。

附：税务机关税款补交通知书

底稿 8　　　　　　　　　有关人员侵占公款审定表

单位：万元

被审计单位	B 村宏发加工厂	编制人	cc	日期	2014.06.13	索引号	×
时间	2011.10.15—2014.03.31	复核人	bb	日期	2014.06.14	页次	×

姓名	职务	合计	违规领取奖金	账外账发放奖金补助			
				小计	年终奖金	季度奖金	节日补助
李××	B 村书记兼宏发厂厂长	48.2	6.5	41.7	24	11	6.7
陈××	B 村主任兼宏发厂副厂长	48.2	6.5	41.7	24	11	6.7
张××	宏发厂副厂长	37.7		37.7	21	10	6.7
王××	宏发厂会计	34.2		34.2	19	8.5	6.7
江××	宏发厂出纳	34.2		34.2	19	8.5	6.7
林××	宏发厂采购员	31.7		31.7	17	8	6.7
李 AA	B 村副书记	5.8	5.8				
陈 BB	B 村副主任	5.8	5.8				
王 CC	B 村支委、出纳	5.2	5.2				
李 DD	B 村委员、会计	5.2	5.2				
	合计	256.2	35	221.2	124	57	40.2

续表

审计说明：
1. 违规领取奖金指村干部违反××县 2008 年 1 月 1 日实施的《××县农村干部工资报酬计算办法》第×条规定，在宏发厂领取工资、奖金。 　　2. 账外账发放奖金补助数据来自账外账（附支出凭证复印件）。
审计结论： 　　B 村村干部和宏发厂有关人员违规领取奖金、账外账发放奖金补助侵占公款 256.2 万元，应责令其立即退还并移送司法部门依法追究责任。
附：村干部领取奖金、补助支出凭证复印件等

第四节　长期投资审计

一、长期投资审计的目标

长期投资审计的目标主要有以下几方面：
①确定长期投资是否存在；
②确定长期投资是否归被审计单位所有；
③确定长期投资增减变动及其损益的记录是否完整；
④确定长期投资的计价是否正确；
⑤确定长期投资期末余额是否正确；
⑥确定长期投资的披露是否恰当。

二、长期投资审计的特点

村合作经济组织将闲散的资金或暂时闲置的资产，根据国家法律、法规规定向其他单位进行投资，称为对外投资。对外投资按投资期的长短分为短期投资和长期投资。长期投资是指不准备随时变现，持有时间超过一年的有价证券以及其他投资。按其投资形式分为股票投资、债券投资和其他投资三种形式，所以长期投资审计的范围也就包括这三个部分。

长期投资审计的特点主要有：一是审计难度大，审计长期投资往往要涉及另一单位的财务状况，审计核实的工作难度比较大；二是审计风险高，由于接受投资单位的财务风险不确定，投资减值的情况不容易被发现，以及投资变现限制等因素对长期投资的影响较大，给审计工作带来很大的风险；三是审计方法上主要使用检查法、监盘法、函证法等几种，具体的使用上也要有所针对地进行运用。

三、长期投资内部控制制度评审

1. 长期投资内部控制制度的一般内容

长期投资内部控制制度主要包括合理的职责分工、健全的资产保管制度、详尽的会计核算制度、严格的记名登记制度、完善的定期盘点制度等。

2. 长期投资内部控制制度的评审方法

审计人员对长期投资内部控制制度进行评审，就是确定被审计单位长期投资内部控制制度的设计和执行是否有效实施。主要有以下方法：

（1）了解长期投资内部控制制度。审计人员应了解：投资项目是否经授权批准；投资金额是否及时入账；是否与被投资单位签订投资合同、协议；是否获得被投资单位出具的投资证明；长期投资的核算方法是否符合有关财务会计制度的规定，相关的投资收益会计处理是否正确，手续是否齐全；有价证券的买卖是否经适当授权，是否妥善保管并定期盘点核对。这些内容可以采用问卷形式调查。

（2）进行简易抽查。审计人员应抽查投资业务的会计记录。如，可从各类投资业务的明细分类账中抽取部分会计记录，按原始凭证→明细分类账→总分类账的顺序核对有关数据和情况，判断其会计处理过程是否符合规定和完整，并据以核实上述所了解的有关内部控制制度是否得到有效的执行。

（3）审阅内部盘核报告。审计人员应审阅内部审计人员或其他授权人员对长期投资资产进行定期盘核的报告。应审阅其盘点方法是否适当、盘点结果与会计记录相核对情况，以及出现账实间存在差异的处理是否合理合规。如果各期盘核报告的结果未发现账实间存在差异（或差异很少），说明长期投资资产的内部控制制度得到有效的执行。

（4）分析投资业务管理报告。审计人员应对照有关长期投资方面的文件和凭证，分析村合作经济组织的投资业务管理报告。投资之前应有一系列的可行性报告及会议纪要等文件，投资业务一经执行，又会形成一系列的投资凭据或文件，如证券投资的各种证券，联营投资的投资协议、合同及章程等。审计人员应认真分析这些投资管理报告的具体内容，并对照前述有关文件和凭据资料，判断被审计单位长期投资的管理情况。

（5）评价长期投资的内部控制制度。审计人员完成上述各步骤的工作后，取得了有关控制制度是否健全、有效的证据并在工作底稿中标明了内部控制制度的强弱及可依赖程度，进而确定下一步审计工作的程序和重点。

四、长期投资的实质性审计

1. 获取或编制长期投资明细表，复核加计正确，并与明细分类账和总分类账的余额核对相符

长期投资明细表将合作经济组织内全部长期投资项目的有关情况完整系统地予以列示，审计人员据此可以了解被审计单位长期投资的全貌。主要内容包括：投资种类及说明、年初余额、本年增加或减少数、年末余额、投资收益等。长期投资明细表可以由审计人员根据被审计单位的会计资料自行编制，也可以由其会计部门提

供，经审计人员审阅后使用。

2. 根据被审计单位业务的性质，选择恰当方法对长期投资实施实质性分析程序：

（1）计算股票投资、长期股权投资等高风险投资所占的比例，分析投资的安全性，要求被审计单位估计潜在的投资损失。

（2）计算投资收益占利润总额的比例，分析被审计单位在多大程度上依赖投资收益，判断被审计单位盈利能力的稳定性；将当期确认的投资收益与从被投资单位实际获得的现金流量进行比较分析；将重大投资项目与以前年度进行比较，分析是否存在异常变动。

3. 审查长期投资的决策程序

审计人员应审核重大投资项目是否取得充分的授权，各项的重大决策是否履行了民主决策的管理程序。

4. 审查长期投资的真实性

主要通过审查长期投资的出资方式、出资程序来确定长期投资出资的真实性；通过实地盘查和函证的方式来确定长期投资余额的真实性。对于盘核长期投资，应按股票投资、债券投资和其他投资分别进行。盘核长期投资资产包括两个步骤：一是盘点库存证券。盘点时被审计单位有关管理人员在场，盘点结果要填制盘点清单，这一步工作可与其他盘点工作一道安排于期末结账日进行。如实地盘点工作是在结账日后进行的，审计人员应根据盘点结果和盘点日与结账日之间的证券增减营运业务的发生情况计算结账日长期投资余额。二是将盘点清单与长期投资明细表中有关账户相核对，并由被审计单位管理人员签章后列入工作底稿。

5. 审查长期投资的入账价值

审计人员应审查长期投资入账基础是否符合投资合同、协议的规定，会计处理是否正确。重大投资项目，应查阅理事会有关决议，并取证。具体内容包括：

（1）检查股票投资的入账价值。如果被审计单位是以货币资金购买股票，应按所支付的价款作为股票投资的入账价值。如实际支付的价款中含有已宣告发放的股利，则应按认购股票实际支付的价款扣除已宣告未发放的股利作为股票投资的入账价值，对于已宣告发放但尚未发放的股利，在"应收款"科目核算。对于这类投资，应将"股票投资"科目与有关货币资金及"应收款"等科目互相核对，来判明其入账价值是否合规适当。如果被审计单位以实物或无形资产折价入股的形式进行股票投资，其入账价值通常有两种标准：一种是由评估机构确定的评估价；一种是由投资各方协商定价。对于这类股票投资，审计人员应查阅有关评估报告或协议文件等来验证股票投资入账价值的适当性。

（2）审查债券投资的入账价值。被审计单位以认购债券的形式进行长期投资，一种是按面值认购债券；一种是按溢价或折价（指高于或低于债券面值）认购债券。无论哪种情况，作为债券投资的入账价值，均应以单位实际支付的价款入账。

对于按面值购入债券的审计,可通过将"长期投资——债券投资"与有关货币资金科目的核对来进行。对于按溢价或折价购入的债券,应将溢价或折价在债券存储期内予以摊销。每期投资收益应为"应计利息"与溢价摊销之差或折价摊销之和。审计人员在审查这类长期债券的溢价和折价时应重点审查摊销方法是否合理,每期摊销的计算是否正确无误。

(3) 审查其他长期投资的入账价值。根据有关的合同和协议文件,确认长期投资的投资金额、比例和持有时间,对于重大的投资,向被投资单位函证被审计单位的投资金额、持股比例及向投资单位发放股利等情况。

6. 审查长期投资的核算方法

对于股票投资、债券投资和其他投资,通常可以采用成本法或权益法进行核算。如果被审计单位的投资占接受投资单位资本比例较大或实质上拥有控制权时,应采用权益法核算长期投资。审计人员应首先审查被审计单位有哪些投资项目适合按权益法核算,并通过询问管理部门或函询接受投资单位等方式,确认被审计单位是否确实对接受投资单位拥有控制权。对于采用成本法核算的长期投资,检查股利分配的原始凭证及分配决议资料,确定会计处理是否正确。

7. 检查长期投资的增减变动的记录是否完整

(1) 检查本期增加的长期投资,追查相关的原始凭证及相关的文件或决议及被投资单位验资报告或财务资料等,确认长期投资是否符合投资合同、协议的规定,并已确实投资,会计处理是否正确。

(2) 检查本期减少的长期投资,追查至原始凭证,确认长期投资的收回有合理的理由及授权批准手续,并已确实收回投资,会计处理是否正确。

8. 检查投资收益

验证确定投资收益的记录是否正确,确定投资收益被计入正确的会计期间。

(1) 对于股票投资的收益的审查,应着重以下几个方面:

①按照不同种类的股票,分别从公开印发的股利手册或证券公司及付款单位查证各种股票的股利收入;

②通过核对单位的有关货币资金账户和"投资收益"账户,审查被审计单位所获得的股利收入是否得到适当正确的记录;

③采用权益法核算长期投资时,应主要审查投资收益增减额的正确与否,即是否按其在被投资单位的投资比例来分享收益。

(2) 对于债券投资的利息收入审计,审计人员应按照债券发行人所提供的利率和债券购入日期、存续期等资料计算出每项债券投资的应得利息数,并与被审计单位有关的会计记录核对相符。需要注意各期的投资收益,不仅包括按利率计算的应计利息数,还应包括长期债券投资溢价或折价摊销对应计利息的扣除或追加额。

(3) 对于其他投资收益的审计,审计人员应将本期投资收益与以前年度的投资收益进行比较,结合长期投资本期变动情况,分析本期投资收益是否存在异常现象。如有，应查明原因，并做出适当的调整。

9. 检查本期发生的重大股份变动

审计人员应调查被审计单位有无发生重大的股份变动。如有，则应做彻底的调查，以确定其变动的原因、依据是否合理，对控股的性质和投资收益将产生多大的影响，并做出记录。

10. 确定长期投资的披露是否恰当。

五、长期投资审计工作底稿

长期投资审计主要的工作底稿有：
①长期投资内部控制制度调查表；
②长期投资决策程序审定表；
③长期投资出资方式与入出账价值审定表；
④长期投资余额审定表；
⑤长期投资收益审定表；
⑥长期投资重大股权变动审定表；
⑦长期投资减值准备审定表。

六、长期投资审计案例——工作底稿范例

初始投资决策程序审定表

被审计单位：A村			签名	日期	索引号	
项目：账外调查			编制人	林××	2013.03.05	页次
会计期间：2011.02.10—2012.12.31			复核人	李××	2013.03.05	
调查对象	职务	调查内容		调查结果		备注
张××	A村书记	初始投资及资产处置和投资合同条款讨论情况		厂房计价未经村民代表会议讨论通过，未进行资产评估，投资合同条款未经民主决策。		
王××	A村主任	初始投资及资产处置和合作合同条款讨论情况及资产处置讨论情况		厂房计价未经村民代表会议讨论通过，未进行资产评估，合作合同条款未经民主决策。		
张×	村理财小组组长	初始投资及资产处置和投资合同条款讨论情况		厂房计价未经村民代表会议讨论通过，未进行资产评估，投资合同条款未经民主决策。		

续表

调查对象	职务	调查内容	调查结果	备注
王××等人	村民代表	初始投资及资产处置和合作合同条款讨论情况	厂房计价未经村民代表会议讨论通过，未进行资产评估，合作合同条款未经民主决策。	

审计说明：

1. 经审阅相关会议记录和调查有关人员，A村于2011年1月15日召开村民代表会议，会议只讨论通过同意与李四合作，但没有讨论厂房计价等具体投资合同条款问题。

2. 初始投资厂房未进行资产评估、合作合同条款未经民主决策。

3. 审计组调查了张××等人，谈话记录9份。

审计结论：

1. A村投资××制衣厂具体方案未按照《村民委员会组织法》和《××镇农村集体经济组织财务管理制度》规定进行民主决策，初始投资违反《广东省农村集体资产管理条例》，未进行资产评估，低价处理厂房。

2. 存在内外串通损害集体利益的嫌疑，建议由有关部门进一步调查。

附：调查记录9份、A村有关投资办××制衣厂的会议记录复印件

附件1：调查记录之一

调查记录

审计员：林××	调查对象：张××	职务：A村支部书记
时间：2013年3月2日9:00	地点：A村办公室	记录人：李××

调查人：按我镇财务管理制度规定，凡资产处置金额5万元以上的，必须召开村民代表会议。为什么召开会议只讨论是否与李四合作，并不讨论出资等具体问题？

张××：村民代表会议只能讨论做与不做，如果连怎么做都要由村民代表会议决定的话，那什么事都做不成的。

调查人：按我镇财务管理制度规定，以实物投资的，必须通过评估，禁止由个别人私自作价，你知道吗？

张××：知道。

调查人：你既然知道为什么不评估？

张××：我们村的厂房才建没有多长时间，账面上是120万元，大家都知道，这不是我个人作价呀！

调查人：账面上是120万元，只是反映建筑成本，并没有包含厂房的全部价值，如土地价值和升值，这你是怎么看的？

张××：我们这里的地不值钱，征地补偿也不足两万元，地价就算不考虑也影响不大。

调查人：土地不是小问题，当时你们村所在地已办证的土地每亩超过100万元，何况当时市价在每平方米1500元左右，这你是怎么看的？

张××：有这么值钱吗？我真落后，对市场信息一点不了解。

续表

| 调查人：据我们了解，李四的设备不值780万元，你为什么没有异议？
| 张××：大家合作以诚信为本嘛，人家的发票写得清清楚楚，这都不相信，今后怎么合作呀！我也是现在才知道发票是假的呀，给李四骗了。
| 调查人：经审计组核算，厂并没有盈利，你怎么会同意李四提走利润分配90万元？
| 张××：当时会计报表明明白白是有盈利150万元，李四提走利润分配也是按合同办事的，我们村也分了60万元呀，这不是我个人同意，是董事会决定的。
| 调查人：你们村的会计水平不错，你为什么不叫他看看或者请会计师事务所看看？
| 张××：我刚才不是说了吗？大家合作以诚信为本，什么都不相信，怎么合作呀！何况李四请的会计、出纳水平也不错。
| 调查人：李四退股时补偿400万元，是什么依据？为什么不进行资产评估？
| 张××：我不懂大道理，是凭良心！人家投资780万元，才拿回490万元，还亏了290万元，我们总不能叫人家血本无归吧！要是这样，以后谁敢来我们村投资。
| 调查人：后来出租林××经营，租金每月只有1万元，若按附近的厂房租金计算，该厂房每月租金应在2.4万元以上，对此你有何看法？
| 张××：来洽谈承包的都没有超过这个价，林××出的价最高，就给他承包了。
| 调查人：为什么不公开招租呢？
| 张××：有考虑过，但公开招租麻烦又花时间，也不一定就有高价，我们这样做也是为了尽快给集体创收啊。

调查对象签名：张××
日　期：二〇一三年三月二日

李四出资凭证审定表

| 被审计单位：A村 | 编制人：杨×× | 日期：2013.03.02 | 索引号 |
| 会计期间 2011.02.10—2012.12.31 | 复核人：李×× | 日期：2013.03.02 | 页次 |

项　目	鉴定部门	鉴定结果	备注
李四出资凭证（发票）	县地税局	假发票	
初始投资验资报告	县公安局　××会计师事务所	伪造	

审计说明：
　　1. 李四提供的出资证明发票经县地税局鉴定，为假发票；
　　2. 李四负责工商登记时提供给工商局的验资报告，经函证××会计师事务所，该所复函称并没有为××制衣厂进行验资也没有出具报告，后经县公安局鉴定，证实为伪造。

审计结论：
　　李四伪造发票和验资报告，侵占A村集体利益，应移送司法机关追究责任。

附：
　　1. 县地税局对李四出资凭证（发票）的鉴定书；
　　2. 县公安局对××制衣厂验资报告的鉴定书；
　　3. ××会计师事务所对××制衣厂验资报告的复函。

初始投资调整审定表

被审计单位:A村		编制人:李××		日期:2013.03.03	索引号	
会计期间 2011.02.10—2012.12.31		复核人:杨××		日期:2013.03.04	页次	

投资人	项目	初始投资金额（元）			股权比例		
		账面数	调整数	审定数	账面数	调整数	审定数
A村	货币资金	4 000 000		4 000 000	40%	+42.35%	82.35%
	厂房	1 200 000	+1 800 000	3 000 000			
	小计	5 200 000	+1 800 000	7 000 000	40%	+42.35%	82.35%
李四	生产设备	7 800 000	-6 300 000	1 500 000	60%	-42.35%	17.65%
合计		13 000 000	-4 500 000	8 500 000	100%		100%

审计说明：

　　1. 村投资厂房经当地国土局、房地产交易所等有关单位进行评估，确认投资日价值为 300 万元；

　　2. 李四投资的生产设备经函证生产厂家，确认投资日最高售价为 150 万元。

审计结论：

　　A村投资××制衣厂初始价值为 700 万元，股权比例应为 82.35%；李四投资××制衣厂初始价值为 150 万元，股权比例为 17.65%。

附件：

　　1. ××房地产交易所房产评估书；

　　2. ××设备生产厂关于设备售价的复函；

　　3. A村与李四签订的投资合同复印件，以及双方初始投资的会计资料复印件。

利润及权益分配调整审定表

被审计单位:A村		编制人:李××	日期:2013.03.07	索引号	
会计期间 2011.02.10—2012.12.31		复核人:杨××	日期:2013.03.08	页次	

项目	账面数（元）	调整数（元）	评估数（元）	审定数（元）
初始投资	13 000 000	-4 500 000		8 500 000
净利润	1 500 000	-3 000 000		-1 500 000
利润分配——A村	600 000	-600 000		0

续表

利润分配——李四	900 000	-900 000		0
净资产	13 000 000	-6 000 000		7 000 000
经评估后净资产			8 700 000	8 700 000
股权分配——A村	9 000 000	-1 835 550		7 164 450
股权分配——李四	4 000 000	-2 464 450		1 535 550

审计说明：

　　1. 初始投资调整：详见底稿3《初始投资调整审定表》。

　　2. 净利润调整：经审计，该厂在经营期间实际净利润为-1 500 000元（详见调整后的损益表）。

　　3. 利润分配调整：经审计，该厂在经营期间实际净利润为-1 500 000元，没有可分配利润，应调减1 500 000元。

　　4. 净资产调整：减虚增资本4 500 000元（详见底稿3《初始投资调整审定表》），未分配利润调减1 500 000元（详见调整后的资产负债表、损益表），共调减6 000 000元。

　　5. 股权分配调整：A村调减1 835 550元，李四调减2 464 450元，共调减4 300 000元（详见《股权计算表》）。

　　6. 李四退股时，转让费4 000 000元比其股权为1 535 550元（详见《股权计算表》）多出2 464 450元。另外，李四在××制衣厂没有净利润的情况下，提取利润分配款900 000元。

审计结论：李四在股权转让和利润分配过程中多占了3 364 450元。

附：

　　1. ××资产评估公司关于××制衣厂的资产评估书；

　　2. ××制衣厂未列入成本核算共300万元的原始单据复印件；

　　3. ××制衣厂利润分配原始单据复印件；

　　4. 股权计算表；

　　5. ××制衣厂经营期间资产负债表、损益表和调整后的资产负债表、损益表。

第五节　在建工程审计

一、在建工程审计的目标

在建工程审计的目标一般包括：
①确定在建工程是否存在；
②确定在建工程是否归被审计单位所拥有；
③确定在建工程增减变动的记录是否完整；

④确定在建工程的计价方法是否正确;
⑤确定在建工程的期末余额是否正确;
⑥确定在建工程的披露是否恰当。

二、在建工程审计的特点

村集体经济组织的在建工程是指农村集体经济组织用一定量的投资,经过预算、决策、实施等一系列程序,在一定约束条件下进行的尚未完工或虽已完工但尚未办理竣工决算的工程项目。农村在建工程审计的特点主要有:一是审计风险高,工程质量、工程造价等方面的确定需要较强的专业知识,审计人员不容易应付,必要时需聘请专家来协助审计;二是取证难度大,一些隐蔽工程、填埋工程难以取得直接的验证数据,审计证据有时需要由专业机构协助提供;三是注重工程款支付的时间性,在建工程付款十分强调时间的先后,要着重审查工程付款时间与工程进度是否相符。

三、在建工程内部控制制度评审

(一) 在建工程内部控制制度的一般内容

被审计单位的内部控制制度应包括在建工程项目的岗位分工与授权批准控制制度、预算控制制度、价款支付控制制度、竣工决算控制制度、监督检查控制制度等。审计人员在对在建工程实施具体审计之前,通常需要索取被审计单位在建工程的内部控制书面说明,对在建工程的购建完成过程和付款等进行实际检查,评价在建工程的内部控制制度。

(二) 在建工程内部控制制度的评审方法

(1) 索取或编制被审计单位在建工程内部控制制度的说明材料。书面说明、流程图和调查问卷均为调查被审计单位内部控制的有效方式,审计人员可以向被审计单位索取或自己编制这些书面说明材料。材料包括在建工程是否进行目录管理、是否定期盘点、定期核对账卡,新增在建工程是否均有适当授权,计价付款是否正确,有无及时进行验收和完整的决算手续等。

(2) 对在建工程项目的购建进行实际检查。对在建工程的购建进行实际检查的目的是为了确定被审计单位所建立的在建工程的内部控制制度是否被一贯遵守,是否充分有效,其可靠程度如何。在审计过程中应重点注意以下几点:在建工程的购建是否与预算相符,有无重大差异;在建工程的购建是否经过授权批准;区分资本性支出和收益性支出的规定,在实际执行中是否得到遵守;对于在建工程项目的增减变动是否真实、完整地进行会计记录。

(3) 评价在建工程的内部控制制度。审计人员在对在建工程内部控制制度做了充分调查和符合性测试之后,即可在审计工作底稿中对其加以评价。评价的重点在于:在建工程内部控制制度执行情况在确保被审计单位会计记录的可靠性和正确性的保障程度如何；内部控制制度的有效执行能在多大程度上保护在建工程的完整性。

四、在建工程的实质性审计

（1）获取或编制在建工程汇总表，复核加计正确，并与报表数、总分类账数和明细分类账合计数核对相符。

（2）实地查看在建工程。审计人员在实施实地观察审计程序时，可以在建工程明细分类账为起点，进行实地追查，以证明会计记录中所列在建工程确实存在，并了解其目前的施工进度或完工状况；也可以实地观察为起点，追查至在建工程明细分类账，以获取实际存在在建工程均已入账的证据。审计人员实地观察的重点是本年度新增的重要在建工程项目，有时观察范围也可以扩展到以前年度的在建工程项目。观察范围的确定需要依据被审计单位内部控制的强弱、在建工程的投资金额和审计人员的经验。

（3）检查本期在建工程的增加数。对于重大的建设项目，取得有关工程项目的立项批文、预算总额和建设批准文件，以及施工承包合同、现场监理施工进度报告等业务资料。

①对于增加在建工程概预算情况的审查，重点是列入预算的项目是否合法合规，费用的提取是否合理。

②对于在建工程的招投标和发包情况的审查，重点是工程招投标是否按照规定的要求和符合公正、公平、公开的原则进行，承发包合同中有关内容是否完整、明确。

③对于支付的工程款，应审查其是否真实、准确、合法合规，抽查其是否按照合同、协议、工程进度或监理进度报告分期支付，付款授权批准手续是否齐备，有无存在多付款的情况，有无违反合同规定在工程开工前就一次性支付全部工程款，从中捞取回扣，会计处理是否正确。

④对于领用的工程物资，抽查工程物资领用是否有审批的手续，会计处理是否正确。

⑤对于借款费用资本化，应结合短期借款、长期借款及应付款的审计，检查借款费用（因借款而发生的利息）资本化的起讫日的界定是否合规，计算方法是否正确，资本化的金额是否合理，会计处理是否正确。

⑥对于工程管理费用的资本化，应结合管理费用的审计工作，检查工程管理资本化的金额是否合理，会计处理是否正确。

⑦对于计缴的土地开发费，应检查土地开发费的合理性、真实性，并检查其会计处理是否正确。

⑧对于已取得的土地使用权，待该项土地开发时，应检查是否其账面价值转入相关工程成本。

(4) 检查本期在建工程的减少数。

①了解在建工程转固定资产的政策,并结合固定资产审计,检查在建工程转销额是否正确,是否存在将已交付使用的固定资产仍然放在在建工程而少计折旧的情况。

②检查已完工工程的竣工结算报告、验收交接清单等相关凭证及其他转出数的原始凭证,检查会计处理是否正确。

③取得因自然灾害等原因造成的单项工程或单位工程报废或毁损的相关资料,检查其会计处理是否正确。

(5) 审查工程变更情况。审查工程变更情况,主要审查工程项目概预算是否在实施过程中作出变更,工程变更是否执行完善的审批手续和程序,变更工程的计价是否合法合规、变更工程付款是否真实、准确等。

(6) 审查在建工程的竣工决算。在建工程竣工决算审计的要点包括:

①审查工程项目概预算执行的情况。主要审查工程项目是否按照批准的设计方案进行,竣工决算与设计文件中的概预算数是否一致,资金成本数是否与账本数一致。

②审查竣工决算项目有无夹带计划外项目、计划外设备,以及计划内项目有无提高建设标准、扩大建筑规模、超过投资的问题。

③审查工程项目是否符合验收规范的要求,有无因工程质量低劣而影响交付使用的情况。

④审查工程款结算是否真实、准确、合规。

⑤审查是否根据修正总概预算和工程进度合理预留尾工款,有无将本项目以外的工程列作尾工款项目,转移形成的包干节余,或少留尾工款,将未完成工程作为包干节余的问题。

⑥审查结余资金是否真实。一是核实材料、设备的实际成本,审查有无转移、隐瞒、挪用库存物资,或将库存材料成本差异摊入竣工工程成本,以及压低库存物资单价,少列结余资金的问题;二是核实结余的存款与现金,审查债权债务是否已清理完毕,有无虚列往来款项,隐匿结余资金的问题。对材料、设备积压、债权债务长期不清的问题,应查明原因。

⑦审查竣工决算报表是否真实、完整、合规。报表中有关概算和计划的数字是否与最后批准的设计文件和计划数一致;表中所列投资数额、交付使用财产、支出费用等是否与财务决算中有关数字相符。

⑧审查工程项目竣工验收时有无铺张浪费现象。

(7) 确定在建工程的披露是否正确。

五、在建工程审计工作底稿

在建工程审计的主要工作底稿有:

①在建工程内部控制制度调查表；
②在建工程余额审定表；
③在建工程实地盘查审定表；
④在建工程预算程序审定表；
⑤在建工程报建程序审定表；
⑥在建工程招投标程序审定表；
⑦在建工程付款进度审定表；
⑧在建工程变更程序审定表；
⑨在建工程竣工决算审定表；
⑩在建工程减值准备审定表。

六、在建工程审计案例——工作底稿范例

底稿1

龙江桥筹建程序审定表

被审计单位：南圹村	编制人：陈××	编制日期：2014.4.16	索引号：××
截止日期：2013.12.31	复核人：李××	复核日期：2014.4.20	页次：××

据查：
　　2013年3月5日上午，召开村两委干部、村民代表、各村民小组组长、村办企业负责人会议。
　　会议地点：村委会二楼会议室
会议内容：
　　主要研究兴建龙江桥议案。议案主要内容包括，龙江桥由××县水利工程设计室设计，以包工不包料的形式公开招标。工程概算261 000元，内含：①主体工程原材料150 000元，人工预算48 000元，其他开支28 000元；②附加工程35 000元。

参加人数：
　　(1) 应到会60人；(2) 实际到会55人；(3) 到会率91.6%。
通过情况：
　　一致通过兴建龙江桥的议案，并于3月12日将兴建龙江桥方案向全村的村民进行公开。

审计结论：本次会议符合《村民委员会组织法》的规定，确认合法有效。

附审计证据：
　　1. 2013年3月5日村民代表大会会议记录复印件1份；
　　2. 龙江桥预算方案复印件1份。

南圹村龙江桥报建程序审定表

被审计单位：南圹村	编制人：陈××	编制日期：2014.4.20	索引号：××
截止日期：2013.12.31	复核人：李××	复核日期：2014.4.21	页次：××
审计内容：龙江桥建设手续			

根据南圹村提供的下列资料，审计人员到××县建设局与档案馆对其原件进行逐一核对。
1. 关于建设南圹村龙江桥项目的批复；
2. 审批部门核准意见书；
3. 龙江桥建设工程规划许可证（〔2013〕××号）；
4. ××县建设工程中标通知书（〔2013〕××号）；
5. 《承建龙江桥的施工合同》；
6. 龙江桥建筑工程施工许可申请表。

审计结论：南圹村龙江桥报建手续真实完整，可以确认。

附审计证据：
1. 关于建设南圹村龙江桥项目的批复复印件 1 份；
2. 审批部门核准意见书复印件 1 份；
3. 龙江桥建设工程规划许可证（〔2013〕××号）复印件 1 份；
4. ××县建设工程中标通知书（〔2013〕××号）复印件 1 份；
5. 《承建龙江桥的施工合同》复印件 1 份；
6. 龙江桥建筑工程施工许可申请表复印件 1 份。

南圹村龙江桥建设资金来源方案审定表

被审计单位：南圹村	编制人：陈××	编制日期：2014.4.21	索引号：××
截止日期：2013.12.31	复核人：李××	复核日期：2014.4.23	页次：××
审计内容：龙江桥建设资金来源			

据查：
（1）2013 年 5 月 3 日，××县水利局拨款 50000 元。
（2）2013 年 5 月 12 日，南圹村（南圹一队至南圹九队）9 个村民小组各出资 4000 元，共筹资 36000 元。
（3）2013 年 5 月 15 日，××镇政府拨款 25000 元。
（4）余款全部由村委会支付。
前述 3 笔款项账务处理正确。

审计结论：龙江桥建设资金来源与龙江桥预案相符。

附审计证据：南圹村收款收据复印件 11 份。

南圹村龙江桥工程人工费审定表

被审计单位：南圹村	编制人：陈××	编制日期：2014.4.20	索引号：××
截止日期：2013.12.31	复核人：李××	复核日期：2014.4.21	页次：××

审计内容：龙江桥工程款（支付人工款记录）

审计说明：
  1. 2013 年 6 月 18 日：14400 元（按工程款的 30% 付首期款）；
  2. 2013 年 8 月 2 日：预支工程款 5000 元；
  3. 2013 年 8 月 12 日：预支工程款 5000 元；
  4. 2013 年 9 月 7 日：预支工程款 5000 元；
  5. 2013 年 9 月 22 日：预支工程款 6000 元；
  6. 2013 年 11 月 18 日：支工程余款 13600 元（经××县水利勘测设计室和县地方公路站等部门验收合格后的一个月）。

审计结论：
  支付人工费 48000 元与《承建龙江桥的施工合同》相符，付款手续均符合《南圹村财务管理制度》第四条规定，账务处理正确。

附审计证据：
  1. 付款凭证复印件 6 份；
  2. 《承建龙江桥的施工合同》复印件 1 份。

在建工程完工审定表

被审计单位：南圹村	编制人：陈××	编制日期：2014.4.24	索引号：××
截止日期：2013.12.31	复核人：李××	复核日期：2014.4.25	页次：××

审计内容：审查账本、财务报表记录

审计说明：
  审计人员通过核对 2013 年南圹村委会总账、明细分类账及在建工程（龙江桥）、固定资产相关的会计记录、财务公开存档资料等内容，发现：
  1. 2013 年 7 月中旬，建设中的桥墩因施工缓慢，在汛期被洪水冲毁了部分桥基，造成工程物资损失 20000 元。经村委会与施工单位协商，同时经村民大会讨论通过，由施工单位赔偿 8000 元。会计未根据协议书、会议记录及县建设局工程损失鉴定书进行账务处理，与《村集体经济组织会计制度》不符，致使工程总造价虚增 8000 元。
  2. 2013 年 10 月龙江桥工程竣工验收合格交付使用后，同年 11 月 18 日将欠下的工程款 12600 元全部结清，但由于施工单位未开具正式发票，会计仍未将"在建工程——龙江桥"结转，与《村集体经济组织会计制度》不符。
  3. 工程完工后未将龙江桥的筹资情况和工程结算情况向村民公开，接受群众监督。与《南圹村财务管理制度》第八条不符。

续表

| 审计结论：
1. 调整"在建工程——龙江桥"成本。借记　应收款——××工程队 8 000 元；贷记 在建工程——龙江桥（工程物资损失赔偿）8 000 元。
2. 结转在建工程成本。借记　固定资产——龙江桥（暂估）273 000 元，贷记　在建工程——龙江桥 273 000 元。
3. 将本次审计的审计报告及龙江桥工程预结算报告书进行专项公开。 |

审计证据：
 1. 南圹村 2013 年资产负债表复印件 1 份，科目余额表复印件 1 份，在建工程（龙江桥）明细表复印件各 1 份。
 2. 县建设局《关于南圹村龙江桥工程洪水冲毁损失的鉴定书》复印件 1 份。
 3. 在建工程（龙江桥）建设情况公布表复印件 1 份，财务公开资料复印件 3 份。
 4. 协议书 1 份。

第六节　固定资产审计

一、固定资产审计的目标

固定资产审计的目标主要包括：
①确定固定资产是否存在；
②确定固定资产是否归被审计单位所拥有或控制；
③确定固定资产的计价方法是否恰当；
④确定固定资产折旧政策是否恰当；
⑤确定固定资产的折旧费用的分摊是否合理、一贯；
⑥确定固定资产、累计折旧增减变动的记录是否完整；
⑦确定固定资产、累计折旧的期末余额是否正确；
⑧确定固定资产、累计折旧的披露是否恰当。

二、固定资产审计的特点

村合作经济组织的房屋、建筑物、机器、设备、工具、器具和农业基本建设设施等劳动资料，凡使用年限在一年以上，单位价值在 500 元以上的列为固定资产。有些主要生产工具，单位价值低于规定标准，但使用年限在一年以上的也可列为固定资产。

固定资产审计的特点主要有：
一是联系的范围广。固定资产项目反映被审计单位所有固定资产的原价，累计折旧项目反映被审计单位固定资产的累计折旧数额，这两项无疑属于固定资产的审计范围。除此之外，由于固定资产增加、减少的形式和途径多样，会涉及"银行存款""应收款""应付款""在建工程""固定资产清理""资本""公积公益金""其他收入""其他支出"等科目，在进行固定资产审计时，应当关注这些相关项目。

二是界定价值难度高。固定资产增加的部分往往需要与在建工程联合起来进行审计，工程质量、材料价格及造价等方面的确定需要较强的专业知识，审计人员不容易应付，必要时需聘请专家或借助外来资料来协助审计。

三是审计难度大。固定资产内容多、数量大、分类复杂，除了实物形态多样外，使用上也有多种不同的分类，应用的核算方法和政策多，折旧政策、折旧费用分摊方法和标准也有多种选择，要求熟练运用政策和使用多种方法来进行审计，对审计人员的业务水平要求高。

三、固定资产内部控制制度评审

（一）固定资产内部控制制度的一般内容

被审计单位的内部控制制度应包括固定资产预算制度、授权批准制度、账簿记录制度、职责分工制度、处置制度、维护保养制度等。审计人员在对固定资产实施具体审计之前，通常需要索取被审计单位固定资产的内部控制书面说明，对固定资产的取得和处置进行实际检查，评价固定资产的内部控制制度。

（二）固定资产内部控制制度的评审方法

（1）索取或编制被审计单位固定资产内部控制制度的说明材料。书面说明、流程图和调查问卷均为调查被审计单位内部控制的有效方式，审计人员可以向被审计单位索取或自己编制这些书面说明材料。材料包括固定资产是否进行目录管理，是否定期盘点、定期核对账卡，新增固定资产是否均有适当授权，有无验收手续，计价是否正确等。

（2）对固定资产取得和处置进行实际检查。对固定资产取得和处置进行实际检查的目的是为了确定被审计单位所建立的固定资产的内部控制制度是否被一贯遵守，是否充分有效，其可靠程度如何。在审计过程中应重点注意以下几点：固定资产的取得是否与预算相符，有无重大差异；固定资产的取得和处置是否经过授权批准；区分资本性支出和收益性支出的规定，在实际执行中是否得到遵守；对于固定资产的增减变动是否真实、完整地进行会计记录。

（3）评价固定资产的内部控制制度。审计人员在对固定资产内部控制制度做了充分调查和符合性测试之后，即可在审计工作底稿中对其加以评价。评价的重点在于：固定资产内部控制执行情况，能在多大程度上确保被审计单位会计记录的可靠性和正确性；内部控制制度的有效执行能在多大程度上保护固定资产的完整性。

四、固定资产的实质性审计

（1）获取或编制固定资产和累计折旧分类汇总表，检查固定资产分类是否正确，并与总分类账数和明细分类账合计数核对相符，与报表核对相符。

固定资产和累计折旧分类汇总表是固定资产审计的重要工作底稿。核对固定资产和累计折旧的数额，确定固定资产明细分类账与总分类账是否相符。若不相符，应查出从何时起不符，并将从此时起的明细分类账与有关的原始凭证进行核对，查明不符的原因，予以调整。

（2）根据被审计单位业务的性质，选择以下方法对固定资产实施实质性分析程序：

①计算固定资产原值与本期产品产量的比率，并与以前期间比较，分析其波动原因，发现闲置固定资产或已减少的固定资产未在会计账上注销的问题。

②计算累计折旧占固定资产原值的比率，评估固定资产的老化程度；并估计因闲置、报废等原因可能发生的固定资产损失，分析是否合理。

③比较本期各月之间、本期与以前各期之间的修理维护费用，旨在发现资本性支出和收益性支出区分上可能存在的错误。

④比较本期与以前各期的固定资产增加和减少，深入分析其差异，并根据被审计单位以往和今后的生产经营趋势，判断差异产生的原因是否合理。

⑤分析固定资产构成及其增减变动情况，与在建工程、现金流量表、生产能力分析等相关信息交叉复核，检查固定资产相关金额的合理性和准确性。

（3）实地检查固定资产，确定其是否存在，关注是否存在已报废但仍挂账的固定资产。

审计人员在实施实地观察审计程序时，可以固定资产明细分类账为起点，进行实地追查，以证明会计记录中所列固定资产确实存在，并了解其目前的使用状况；也可以实地观察为起点，追查至固定资产明细分类账，以获取实际存在固定资产均已入账的证据。审计人员实地观察的重点是本年增加的重要固定资产，有时观察范围也可以扩展到以前年度的固定资产。观察范围的确定需要依据被审计单位内部控制的强弱、固定资产的重要性和审计人员的经验。

（4）检查固定资产的所有权。对各类固定资产，审计人员应获取、汇集不同证据，以确定其是否为被审计单位所有，如对外购的机器设备等固定资产进行审查，通常通过审核采购发票、租赁协议等即可确定；对于房地产类的固定资产，尚需查阅有关的合同、产权证明、财产税单、抵押借贷款的还款凭据、保险单等书面文件；对汽车等运输设备，则应验证有关执照等。

（5）检查本期固定资产的增加。审计固定资产的增加，是固定资产实质性审计程序中的重要内容。固定资产增加的途径有多种，审计中应注意：

①对于外购的固定资产，通过核对采购合同、发票、保险单、发运凭证等资

料，抽检其入账价值是否正确，授权批准手续是否齐备，会计处理是否正确；如购买的是房屋建筑物，还应检查契税的会计处理是否正确；检查分期付款购买的固定资产入账价值及会计处理是否正确。

②对于在建工程转入的固定资产，应检查竣工决算、验收和移交报告是否完备，与在建工程的相关记录是否核对相符，借款费用资本化的金额是否恰当；对已经达到预定可使用状态，但尚未办理竣工决算手续的固定资产，检查其是否已按估计价值入账，并按规定计提折旧；是否待确定实际成本后再对固定资产原价进行调整。

③对于投资者投入的固定资产，检查投资者投入的固定资产是否按投资各方确认的价值入账，并检查确认价值是否公允，交接手续是否齐全。

④对更新改造增加的固定资产，检查通过更新改造而增加的固定资产增加的原值是否符合资本化的条件，是否真实，会计处理是否正确；重新确定的剩余折旧年限是否恰当。

⑤对于通过接受捐赠和盘盈等其他途径增加的固定资产，应检查增加的固定资产的原始凭证，核对其计价及会计处理是否正确，法律手续是否齐全。一般只需核对有关的会计记录、合同文件、验收报告等。

按照我国会计制度规定，对固定资产原则上采用历史成本法计价，但投资转入的固定资产可按评估确认或合同、协议约定的价格入账；接受捐赠的固定资产可按同类资产的市场价格或根据所提供的凭证入账；盘盈的固定资产则按重置完全价入账。

(6) 检查本期固定资产的减少。固定资产的减少主要包括出售、报废、毁损、向其他单位投资转出、盘亏等。审计固定资产减少的主要目的，在于查明已减少的固定资产是否做了适当的会计处理。审计重点有：

①结合"固定资产清理"科目，抽查固定资产账面转销额是否正确。

②检查出售、转让、报废、毁损、盘亏的固定资产是否经授权批准，会计处理是否正确。

③检查因修理、更新改造而停止使用的固定资产的会计处理是否正确。

④检查投资转出的固定资产的会计处理是否正确。

⑤检查其他减少的固定资产的会计处理是否正确。

(7) 检查固定资产后续支出的核算是否符合规定。固定资产修理费用，应当直接计入当期费用；固定资产改良支出，应当计入固定资产账面价值，其增计后的金额不应当超过该固定资产可收回金额；如果不能区分是固定资产修理还是固定资产改良，或固定资产修理和固定资产改良结合在一起，则按上述原则进行判断，其发生的后续支出，分别计入固定资产价值或计入当期费用。

(8) 检查因清产核资、资产评估调整的固定资产。审计人员要调查被审计单位有无因清产核资、资产评估而对固定资产进行调整。如有此种情况，则应进行调查核实，以确定这些清产核资、资产评估调整固定资产价值的依据是否符合规定，调整的金额是否合理，并对有关固定资产调整做出记录。

（9）检查固定资产的抵押、担保情况。审计人员应调查被审计单位有无用于抵押、担保的固定资产。如有，则应做彻底的调查，以确定其抵押、担保的性质和固定资产的安全情况，并做出记录。

（10）确定固定资产的披露是否恰当。

五、累计折旧的实质性审计

影响折旧的因素有折旧的基数、固定资产的残值和使用寿命三个方面。在计算折旧时，对固定资产的残余价值和清理费用只能人为估计，对固定资产的使用寿命，由于固定资产的有形和无形损耗难以计算，也只能估计。因此，固定资产的折旧主要取决于单位的折旧政策，具有一定的主观性。累计折旧的实质性审计程序通常包括：

（1）获取或编制累计折旧分类汇总表并复核加计正确，并与总分类账数和明细分类账合计数核对相符。

（2）检查被审计单位制定的折旧政策和方法是否符合相关的规定，确定其所采用的折旧方法能否在固定资产预计使用寿命内合理分摊其成本，前后期是否一致，预计使用寿命和预计残值是否合理。

（3）根据实际情况，选择以下方法对累计折旧实施实质性分析程序：

①对折旧计提的总体合理性进行复核，是测试折旧正确与否的一个有效办法。审计之前，审计人员对本期增加和减少的固定资产、使用寿命长短不一的和折旧方法不同的固定资产作适当调整。如果总的计算结果和被审计单位的折旧总额相近，且固定资产及累计折旧的内部控制较健全时，就可以适当减少累计折旧和折旧费用的其他实质性分析程序工作量。

②计算本期计提折旧额占固定资产原值的比率，并与上期比较，分析本期折旧额的合理性和准确性。

③计算累计折旧与固定资产总成本的比率，将此比率同上期比较，分析本期折旧额的合理性和准确性。

（4）复核本期折旧费用的计提和分配。

①了解被审计单位的折旧政策是否符合规定，计提折旧范围是否正确，确定使用寿命、预计净残值和折旧方法是否合理。

②检查被审计单位折旧政策是否前后期一致。

③复核本期折旧费用的计提是否正确。

④检查折旧费用的分配方法是否合理，是否与上期一致；分配计入各项目的金额占本期全部折旧计提额的比例与上期比较是否有重大差异。

⑤注意固定资产增减变动时，有关折旧的会计处理是否符合规定，查明通过更

新改造、接受捐赠而增加的固定资产的折旧费用计算是否正确。

（5）将"累计折旧"账户贷方的本期计提折旧金额与相应的成本费用中的折旧费用明细账借方金额相比较，以查明所计提的金额是否已全部摊入本期的产品成本或费用。一旦发现差异，应及时追查原因，并考虑是否应建议作适当的调整。

（6）检查累计折旧的减少是否合理、会计处理是否正确。

（7）确定累计折旧的披露是否恰当。

六、固定资产审计工作底稿

固定资产审计的主要工作底稿有：
①固定资产内部控制制度调查表；
②固定资产实地盘点审定表；
③固定资产增加情况审定表；
④累计折旧审定表；
⑤折旧费用分摊审定表；
⑥固定资产减少情况审定表；
⑦固定资产后续支出费用资本化审定表；
⑧固定资产抵押、担保审定表；
⑨固定资产减值准备审定表。

七、固定资产审计案例——工作底稿范例

固定资产内部控制制度调查审定表

被审计单位：罗岗村					
审计人员：刘××	复核人员：吴××		索引号		
审计日期：2014年3月21日	复核日期：2014年3月23日		页次		
调查内容（问题） 截至2013年12月31日前的执行情况	是	否	不适用	备注
1. 固定资产增加的业务，是否在授权下发生？	√			
2. 固定资产购买或评估审批时是否考虑：				
（1）可能的成本		√		
（2）资产的种类性能		√		
（3）会计科目		√		
3. 购置固定资产是否签有合同？	√			
4. 固定资产增加业务授权与业务执行的职能是否相分离？		√		

(续表)

调查内容（问题）截至2013年12月31日前的执行情况	是	否	不适用	备注
5. 固定资产卡片、增加业务记账凭证，是否有编号程序？	√			
6. 固定资产总分类账户是否设有明细账或卡片？两者是否相符？		√		
7. 固定资产是否定期盘存？是否与明细记录核对？		√		
8. 固定资产增加业务执行与固定资产验收的职能是否相分离？		√		
9. 固定资产增加业务执行与固定资产记账的职能是否相分离？		√		
10. 固定资产出售是否有书面核准文件？	√			
11. 固定资产的报废清理等处置是否有会议记录或业务备忘录？是否在授权下进行？		√		
12. 资本性支出和收益性支出的标准是否易于区别？		√		
13. 当固定资产从一个部门转至另一部门：				
（1）是否经适当核准？		√		
（2）是否通知会计部门？		√		
14. 固定资产的折旧方式是否各年一致？	√			
15. 折旧率是否为税务机关认可？	√			
16. 固定资产大修理是否事先制定计划？		√		
17. 固定资产大修理是否编写大修理报告？		√		
18. 固定资产大修理完毕，是否有验收、审查制度？		√		

底稿2

固定资产及累计折旧审定表

被审计单位：罗岗村			编制人：张××		编制日期：2014.3.21		索引号：××			
截止日期：2013年12月31日			复核人：陈××		复核日期：2014.3.23		页次：××			

内容	固定资产				累计折旧					
	期初余额（元）	增加（元）	减少	期末余额（元）	折旧法	折旧率	期初余额（元）	增加（元）	减少	期末余额（元）
房屋建筑	3 258 000			3 258 000	直线法	4.75%	324 510	154 755		479 265
机器设备	397 600	34 000		431 600	直线法	9.5%	118 548	37 772		156 320
办公设备	22 000	6 000		28 000	直线法	19%	8 950	5 320		14 270
合计	3 677 600	40 000		3 717 600			452 008	197 847		649 855

续表

审计结论:
1. 固定资产与采购合同、所有权证书及发票相符。
2. 全部明细账或登记卡余额与总账的余额相符。
3. 2013年7月新增办公设备6000元当年没有计提折旧,建议补提折旧作分录如下:
借:管理费用——折旧费   570
贷:累计折旧   570
审计证据:(略)

底稿3

罗岗村大兴水力发电站固定资产盘查审定表

被审计单位:罗岗村			编制人:张××		编制日期:2014.3.21		索引号:×	
报表截止日:2013年12月31日			复核人:陈××		复核日期:2014.3.23		页次:××	
项目	计量单位	账面数额				盘点核实		
		数量	原值(元)	已提折旧(元)	净值(元)	数量	原值(元)	已提折旧(元)	净值(元)
抽水机	台	4	83500	33000	50500	5	104375	45000	59375
发电机组	台	3	150000	50000	100000	2	100000	50000	100000
合计			233500	83000	150500		254375	95000	159375

审计说明:

    1. 抽水机:账面数量是4台,实际盘点为5台。账实不符的原因是新购入一台抽水机还没有入账,但已经投入使用,购入发票上记载的时间为2013年7月22日。罗岗村大兴水力发电站一直没有对这台抽水机提取折旧。

    2. 发电机组:账面数量是3台,实际盘点为2台。盘亏的1台发电机是在2002年9月10日报废并卖给了废旧物资回收公司,但没有按规定程序办理报废手续,在罗岗村大兴水力发电站的账上这台发电机组仍然存在,并继续计提折旧。

审计结论:固定资产入账不及时,折旧费的计算不正确,应进行会计调整。

审计证据:

    1. 抽水机采购发票复印件1份;

    2. 报废发电机出售复印件1份;

    3. 折旧计算表复印件1份。

罗岗村固定资产审定表

被审计单位：罗岗村	编制人：陈×	编制日期：2014.3.21	索引号：××
截止日期：2013 年 12 月 31 日	复核人：吴××	复核日期：2014.3.23	页次：××

经审查核对 2012—2013 年罗岗村的会计账簿、报表、凭证、固定资产明细账册、固定资产情况公布表等存档资料，核实具体内容（略）。

审计结论	1. 村委办公楼已在 2011 年完工投入使用仍记在"在建工程"账上，未办理竣工验收和移交手续，未按规定结转固定资产。这与《村集体经济组织会计制度》第十六条、《村合作经济组织财务制度（试行）》第二十九条的规定不符。应编制会计分录为： 　　借：固定资产 　　　　贷：在建工程
	2. 罗岗小学在 2012 年 8 月完工交付使用，但还在"在建工程"科目进行核算登记，未按规定结转固定资产，这与《村集体经济组织会计制度》第十六条、《村合作经济组织财务制度（试行）》第二十九条的规定不符。应编制会计分录为： 　　借：固定资产 　　　　贷：在建工程
	3. 罗岗小学基建工程，共已付清 158.2 万元，与《承建罗岗小学基建合同》的承包金额 135 万元相差 23.2 万元，而结算单中未说明主体增加工程、附加增加工程项目，这与《会计法》第十四条、《村合作经济组织财务制度（试行）》第二十八条、《会计基础工作规范》第四十八条的规定不符。应补办相关的手续。
	4. 盘查固定资产时发现 2013 年 6 月接受新达化工厂捐赠的新汽车一辆，该汽车的原始凭证价值为 78 000 元，会计没有入账。应按汽车的原始凭证价值 78 000 元入账，作会计分录为： 　　借：固定资产——汽车　　78 000 　　　　贷：公积公益金　　　　78 000
审计证据	1. 罗岗村 2013 年资产负债表复印件 1 份； 2. 科目余额表复印件 1 份； 3. 固定资产盘点清册表复印件 1 份； 4. 罗岗村固定资产情况公布表复印件 1 份； 5.《承建罗岗村办公楼基建合同》复印件 1 份； 6.《承建罗岗小学基建合同》复印件 1 份； 7. 汽车原始凭证复印件 3 份。

第五章 负债审计

负债是村集体经济组织因过去的交易、事项形成的现时义务，履行该义务预期会导致经济利益流出村集体经济组织。按其偿还期限的长短分为流动负债和长期负债。负债审计的目的主要是验证负债记录的完整性和账面金额的真实性，并检查负债形成和偿还业务的合法性。在负债审计中，审计人员应特别关注未入账负债，预防被审计单位低估漏列负债，虚增资产。

第一节 流动负债审计

一、流动负债的审计目标

村集体经济组织的流动负债是指偿还期限在一年（含一年）以内的债务，包括短期借款、应付款、应付工资和应付福利费等。流动负债各个项目的审计目标有所不同，但其基本目标是一致的，主要是：

①确定流动负债内部控制是否存在、有效且一贯执行；
②确定流动负债各个项目是否真实存在并为被审计单位所承担；
③确定流动负债的发生是否合法合规，手续是否齐全；
④确定流动负债的发生、偿还、计息的记录是否完整；
⑤确定流动负债的使用是否合规；
⑥确定流动负债余额在资产负债表上的反映是否恰当。

二、流动负债审计的特点

（1）审计工作具有复杂性。流动负债本身科目多，与之关联的科目多，经济往来业务发生较频繁。审计时必须将其与关联的科目审计结合起来，审计工作量大、复杂。

（2）询证是必不可少的审计程序。流动负债牵涉许多债权人，为了证实流动负债余额的真实性和完整性，必须通过面询或函证方式核实被审计单位的流动负债本息余额。

（3）取证工作量大。流动负债牵涉科目多、债权人多，审计时往往需要延伸或追溯审计相关单位，函证所需时间较长，取证工作量大。

（4）审计风险较大。流动负债审计的重点是完整性，审查有无未入账负债，防止漏记或者低估负债，虚增所有者权益和收益（盈利）能力。由于流动负债牵涉科目较多，经济往来业务发生较频繁，存在错报和漏列的可能性较大，容易被用作调节收益（利润）、虚增所有者权益的手段，因此审计存在的风险较大，审计人员在审计过程中要注意执行足够的审计程序。

三、流动负债内部控制制度评审

（一）流动负债内部控制制度的一般内容

流动负债内部控制制度一般包括以下内容：

（1）职责分工制度。流动负债申请、授权审批、款项收付、会计记录等职责必须由相互独立的人分工负责，以减少错误和舞弊的发生。

（2）民主决策和契约制度。借款必须经过民主决策程序，由村民大会或村民代表会议表决通过，并签订合同或者协议，由专人保管。

（3）建立严密的账簿体系和记录制度。设置总账和明细账，并由不同人员负责；核算方法符合会计准则和农村会计制度规定，对流动负债的发生、偿还、使用、计息等全过程进行控制。

（4）定期检查核对制度。出纳账与会计账间、总账与明细账间、被审计单位账与债权人账间定期进行检查核对。

（二）流动负债内部控制制度的评审方法

（1）了解流动负债内部控制制度的建立情况。审计人员可通过审阅制度文件、合同协议及有关会议记录等资料，了解被审计单位流动负债内部控制制度的建立情况。

（2）进行问询调查。通常以到实地观察和发放调查问卷对相关人员进行调查等方式，查验有关流动负债业务的人员职责分工是否明确、借款程序是否合法合规、借款合同或协议手续是否完善、有无授权批准等，将审查情况记入工作底稿。

（3）测试流动负债内部控制制度的执行情况。一般采取随机抽查的方式，从流动负债明细账中随机抽查一部分业务，检查其原始凭证和记账凭证，并与总账和相关会议记录、制度、合同协议书等资料进行核对，验证债务发生是否经过民主决策程序、是否符合法律法规和会计制度、是否及时入账、金额是否正确、会计记录是否完整等，以确认内部控制制度的执行情况。

（4）评价流动负债内部控制。通过以上程序，对被审计单位流动负债内部控制的健全有效性及可信赖程度进行评价，指出薄弱环节和失控点，提出改进建议，并确定实质性审计的时间、范围和方法。

四、流动负债的实质性审计

（一）短期借款的实质性审计

短期借款是指从银行、信用社和有关单位、个人借入的期限在一年以下的各种款项。短期借款实质性审计的一般程序和方法是：

（1）取得或编制短期借款明细表，复核加计数是否正确，并与总账、明细账和报表核对，看是否相符。

（2）审查短期借款期末余额的真实性。通过审查短期借款的账簿记录、借款凭证及有关文件，确定借款业务的真实性；将短期借款总账与明细账核对，确定其一致性；利用银行借款对账单与短期借款余额核对，看其是否一致；对重要的、数额较大的或内部控制较弱的短期借款向银行或其他债权人进行询证核实。债权人在外地的可发函询证，在当地的或负债数额较大的可直接向债权人调查核实。

（3）审查短期借款的增加。对增加的短期借款，审计人员应审查借款合同、协议、会议记录和授权批准，确定民主决策和授权批准手续是否齐全；了解借款条件、日期、利率、数额、还款期限等，并与相关会计记录核对。检查有无少计借款或将短期借款记入长期负债账户情况，向开户银行或其他债权人函证，确定有无未入账的借款等。

（4）审查短期借款的减少。对减少的短期借款，应审查相关会计记录和原始凭证，核对短期借款账户借方发生额与有关付款凭证（如支票存根），将还款日期与合同内容核对，还应注意审查借款转期时手续是否齐备，新旧借款是否同时在账上反映。检查有无到期未偿还的短期借款，如有，则应查明是否已向银行提出申请并经同意后办理延期手续。

（5）审查短期借款利息计算及其账务处理的准确性。审计人员可通过审查有关资料和借款合同，确定借款合同规定利率与同期金融市场利率水平是否接近，复核利息费用的计算是否正确，并与应付、预付数核对，检查利息费用的会计记录是否准确。如有未计利息或多计利息，应作出记录，必要时进行调整。

（6）审查短期借款使用的合理合规性。检查借入资金的使用是否符合合同规定，有无改变资金用途挪作他用，甚至将短期借款用于搞基本建设的情况等。

（7）验证短期借款是否在资产负债表上恰当披露。

（二）应付款的实质性审计

应付款是指村集体经济组织与单位和个人发生的偿还期限在一年（含一年）以内的各种应付及暂收款项。应付款实质性审计的一般程序和方法是：

（1）获取或编制应付款明细表，复核加计数是否正确，并与总账、明细账和报表的余额核对，看是否相符。明细表应列明债权人姓名、发生日期、金额等，作为审计人员函证和抽取样本的依据。

（2）审查应付款明细账。由于应付款经济业务量较大，明细项目较多，审计人员可根据被审计单位的实际情况和业务量大小，抽取一定数量的会计记录和原始凭证，采取从原始凭证追查至会计记录（总账、明细账）或由明细账（会计记录）追查至原始凭证的方法，审查应付款的真实性和会计记录的正确性。要特别注意抽查金额较大和异常的明细账户，追查至原始凭证，并与现金日记账、银行存款日记账有关项目进行核对，看是否相符。应付款如存在借方余额，应注意进行重分类并查明原因。对应付征地款明细账户应重点审查征地款是否足额收取，分配方案是否经村民（代表）大会讨论通过，分配是否及时、合理、合规，留归村集体的部分是否及时结转公积公益金等。应付征地款的审查应与公积公益金的审查相结合。

（3）查找未入账的应付款项。由于负债审计的重点是完整性，防止低估漏列负债，因此，查找未入账应付款项非常重要。具体方法是：检查被审计单位在资产负债表日后货币资金支出日记账记录，找出偿付的应付款，然后检查相关的凭证，看有无偿付结算日前的负债；检查决算日前发出的验收单，并追查至原始凭证和应付款账簿，看其应付款是否及时入账；审核卖方对账单和应付账款明细账记录，看有无未入账的应付账款；审核决算日后一段时间内应付账单及原始凭证，看有无属于应计入本期的负债。必要时还可以配合问询调查等方式进行审查。

（4）审查应付款长期挂账的原因。对于无法偿还的应付款项，按制度规定应转入其他收入。审计人员应检查有无长期挂账的应付款项，查明原因，做出记录，必要时予以调整。

（5）应付款的函证。一般来说，应付款的函证不是一道必须要执行的审计程序。但如果被审计单位内部控制制度较为薄弱，没有定期对账或者审计人员认为被审计单位的工作人员有舞弊嫌疑时，就有必要进行函证。在选择函证对象时，应注意选择金额较大、平时往来业务发生较频繁、期末余额为零的账户进行函证。函证日期一般选择在资产负债表日后几天，越接近资产负债表日越好。对重要的应付款项要向债权人进行函证核实。

（6）确定应付款在资产负债表上的反映是否恰当。

（三）应付工资的实质性审计

村集体经济组织的应付工资是指应付给管理人员及固定员工的工资报酬，不含临时员工的工资。应付工资实质性审计的一般程序和方法是：

（1）获取或编制应付工资明细表，复核加计数是否正确，并与总账数、明细账合计数、报表数进行核对。

（2）审查应付工资标准是否合理，是否符合制度和有关规定。上级补助部分是否符合规定，有无超标准；本村自筹工资标准是否经村民大会或村民代表会议表决通过并遵照执行。

（3）通过分析性复核，检查年度内各月工资费用的发生额有无异常波动的情况，本期与上期比较有无异常波动。如有应查明原因，做出记录。

（4）审查应付工资的支付凭证，确定工资、奖金、津贴的计算是否正确，是否符合有关规定，依据是否充分，有无授权批准和领款人签章，是否按规定代扣款项，相应的会计处理是否正确。

（5）审查应付工资账户的贷方发生额，看其提取金额是否正确，会计处理是否合规、正确，并与相关的成本、费用账户核对一致。

（6）验证应付工资是否已在资产负债表上充分披露。

（四）应付福利费的实质性审计

应付福利费是村集体经济组织从收益中提取，用于集体福利、文教、卫生等方面的福利费（不包括兴建集体公益设施等支出），包括照顾军烈属、"五保户"、困难户的支出，计划生育支出，农民因公伤亡的医疗、生活补助及抚恤金等。应付福利费实质性审计的一般程序和方法是：

（1）获取或编制应付福利费明细表，复核加计数是否正确，并与总账、明细账、报表核对。

（2）审查应付福利费的提取和开支标准是否符合村集体经济组织会计制度的规定，是否经村民大会或村民代表会议表决通过并遵照执行。

（3）审查年度内应付福利费计提基数是否正确，计提比例、标准是否符合有关规定，计提金额是否正确。

（4）审查年度内应付福利费的使用情况，通过审阅应付福利费明细账，抽查相关原始凭证，确定其是否符合规定用途。

（5）审查应付福利费的会计处理是否正确，特别是年终出现借方余额时的处理是否合法合规、正确。

（6）验证应付福利费在资产负债表上的反映是否恰当。

五、流动负债审计常用的审计工作底稿

流动负债审计常用的审计工作底稿有：
①流动负债内部控制调查表；
②流动负债内部控制执行测试表；
③流动负债函证情况审定表；
④短期借款审定表；
⑤应付款审定表；
⑥应付工资审定表；
⑦应付福利费审定表等。

第二节　长期负债审计

长期负债是村集体经济组织承担的、偿还期限在一年以上（不含一年）的债务，包括长期借款及应付款、"一事一议"资金等。长期借款及应付款是指村集体经济组织从银行、信用社和有关单位、个人借入的期限在一年以上的借款及偿还期限在一年以上的应付款。"一事一议"资金是指村集体经济组织兴办村民受益的生产公益事业时，按照国家法律、政策的规定，以"一事一议"形式向村民筹资筹劳形成的专项资金，其属于农民负担范畴。长期负债审计的目的是为了确定长期负债的整体合理性、记录的完整性、业务的合法性及会计处理的正确性。

一、长期借款及应付款审计的目标

①确定长期借款及应付款的内部控制制度是否健全有效且一贯执行；
②确定长期借款及应付款是否确实存在，并为被审计单位所承担；
③确定长期借款及应付款的发生是否真实合法，手续是否齐备，被审计单位是

否遵守了有关债务契约的规定；

④确定长期借款及应付款的借入（或融资）、偿还及计息的会计处理是否正确；

⑤确定长期借款及应付款期末余额是否正确；

⑥确定长期借款及应付款在资产负债表上的反映是否恰当。

二、长期借款及应付款审计的特点

长期借款及应付款是村集体经济组织筹资的主要方式，发生的业务量相对较少，但一般数额较大、偿还期限较长。长期借款及应付款自身的特点决定了其审计工作具有如下特点：

（1）通常采取详细全面审计的方式。长期借款及应付款发生业务相对较少，但金额较大，对被审计单位的财务状况影响较大，因而一般应采取详细全面审计的方式。

（2）询证是必不可少的审计程序。长期借款及应付款涉及被审计单位与债权人之间的关系，可以通过面询或函证方式核实被审计单位的长期借款及应付款本息余额。

（3）取证时间较长。长期借款及应付款跨期较长，往往需要延伸或追溯审计相关单位，所需时间较长；同时，进行询证也需要较长时间。

（4）审计风险较大。长期借款及应付款审计的重点是完整性，审查有无未入账负债，防止漏记或者低估负债，虚增所有者权益和收益（盈利）能力。因此审计存在的风险较大，审计人员在审计过程中要注意执行足够的审计程序。

三、长期借款及应付款内部控制制度评审

（一）长期借款及应付款内部控制制度的一般内容

长期借款及应付款内部控制制度一般包括：

（1）职责分工制度。长期借款及应付款申请、授权审批、经办人、资金收付、会计记录、复核等必须由不同人员分工负责，以减少错误和舞弊的发生。

（2）民主决策和契约制度。长期借款及应付款业务属于重大的筹资活动、重大的财务活动，必须有严格的授权程序，由村民大会或村民代表会议民主决策，有授权审批手续和签订合同或协议，并由专人保管。

（3）账簿体系与记录制度。按规定设置总账和明细账，并由不同人员负责，核算方法符合会计准则和农村会计制度规定，对长期借款及应付款的取得、偿还、使用、利息的计提与支付等全过程严格按照会计业务处理程序，取得和审核原始凭证、设置和登记账簿、进行会计记录等。

（4）定期检查核对制度。建立定期检查核对制度，每隔一段时间，内审人员或稽核人员检查复核长期借款及应付款总账和明细账，检查举债合同或协议的履行情况、债务资金的实有数及使用归还情况、利息融资费用计付等，并与债权人核对双方账面记录，对实物资产要定期或不定期盘点检查。

（二）长期借款及应付款内部控制制度的评审方法

长期借款及应付款内部控制制度的评审程序和方法是：

（1）查阅制度、计划或预算、村民会议记录、合同协议等资料，了解、描述长期借款及应付款的内部控制制度的建立情况。

（2）询问调查长期借款及应付款内部控制制度。一般采用问卷式调查方式，询问调查相关人员。调查内容主要包括：借款是否根据村民会议决议和有关法律法规进行，是否有预算计划，借款手续是否齐全，有无签订合同或协议，有无担保抵押，是否按合同条款支付利息费用和归还本金，是否按计划使用资金等。将调查结果记入审计工作底稿。

（3）测试长期借款及应付款内部控制制度的执行情况和有效程度。其方法是：从明细账中随机抽取或者抽选数额较大的借款业务记录，按会计凭证→出纳账→明细账→总账的顺序进行核对，检查款项是否收到并及时记账，金额是否正确，审批手续是否齐全，会计记录是否合规完整，并与制度、计划或预算、村民会议记录、合同协议书等资料进行核对，检查借款是否经过民主决策程序和授权批准，有无超预算，是否办理了合同等手续，借款金额、利率等是否符合规定。同时要结合实地观察，了解借款授权审批人、经办人、资金收付、记录、复核人员是否相互独立，相互牵制，职责分工是否明确合理，各个环节是否有相应的控制措施。

（4）分析评价长期借款及应付款内部控制制度。通过以上程序，可以对被审计单位长期借款及应付款内部控制的健全和有效性及可信赖程度进行分析评价，指出薄弱环节和失控点，提出改进建议，以确定实质性审计的时间、范围、重点和方法。

四、长期借款及应付款的实质性审计

长期借款及应付款的实质性审计的一般程序和方法是：

（1）获取或编制长期借款及应付款明细表，复核加计数是否正确，并与总账、明细账、报表进行核对。明细表应列示债权人的姓名或名称、地址、借入金额、币种、利率、到期日、偿还方式、偿还金额及日期、尚未偿还金额、抵押品种类、名称、价值及保管情况等。

（2）向贷款金融机构或其他债权人函证。可选择余额较大或内部控制较弱的长期借款及应付款进行函证，以验证其余额是否真实。函证的内容应包括借款时间、借款利率、借款金额、已偿还金额及利息支付情况。审计人员应注意分析函证结果和被审计单位账面记录的差异，并查明原因。

（3）审查年内增加的长期借款及应付款，应检查借款合同和授权批准文件，了解借款数额、借款条件、借款日期、还款期限、借款利率，并与相关会计记录相核对。

（4）审查年内减少的长期借款及应付款，应检查相关会计记录和原始凭证，核实还款数额，还应注意审查年内有无到期未偿还的借款，逾期借款是否办理了延期手续等。

（5）审查长期借款及应付款的抵押担保情况，看其手续是否齐全，担保和抵押是否符合要求。审查时要注意审查抵押资产是否确实存在，其所有权是否为被审计单位所有，资产的实际状况是否与合同规定相一致，有担保人时担保人是否符合法定要求，以收入作为担保借款时，充当担保的收入是否可靠等。

（6）审查长期借款及应付款合同的履行情况。主要是根据借款合同的有关条款，看金融机构或债权人是否按合同规定及时向借款单位发放贷款，实际支付的利息是否按合同标明的国家规定利率计付，租赁固定资产、以补偿贸易方式引进设备是否按合同规定按期到货，问询主管人员，实地了解固定资产的质量、数量、规格等是否与合同规定一致。

（7）审查长期借款及应付款的使用是否得当、有效。主要是看借款的使用是否符合合同的规定，借款的用途和使用是否合理合法，是否达到预定的使用目标，有无违约行为。

（8）审查长期借款及应付款的利息费用。编制利息费用明细表，复核借款利息计付及长期应付款的利息费用处理是否正确，必要时对不正确的处理进行调整。

（9）审查长期借款及应付款的计价准确性。对非记账本位币的借款，检查其折算成记账本位币的折算汇率是否正确、折算差额是否按规定进行会计处理；检查融资租赁和采用补偿贸易方式引进国外设备的价款计算、利息费用计算、外币折算等是否准确、会计处理是否正确。

（10）审查未入账长期借款及应付款。通过查阅相关会议记录、文件资料，向被审计单位索取债务说明书，函证债权人，分析利息费用账户，查询取得资产的融资方式，复核货币资金的收入来源等方式，检查长期借款及应付款的真实性、完整性，确认有无未入账负债。

（11）验证长期借款及应付款在资产负债表上的反映是否恰当。

五、长期借款及应付款审计工作底稿

长期借款及应付款审计常用的工作底稿有：
①长期借款及应付款相关内部控制调查表；
②相关内部控制制度执行测试调查表；
③长期借款及应付款增减情况审定表；
④长期借款及应付款利息费用审定表；
⑤长期借款及应付款函证情况审定表；
⑥长期借款及应付款使用情况审定表；
⑦长期借款及应付款期末余额审定表等。

六、负债审计案例——工作底稿范例

底稿 1

短期借款审定表

被审计单位：C 村　　　　　　　编制人：王×× 　　　　　　日期：2015 年 1 月 10 日　　　　索引号：×
截止日：2014 年 12 月 31 日　　复核人：张×× 　　　　　　日期：2015 年 1 月 12 日　　　　页次：×

贷款单位	借款起讫日	借款用途	借款条件	年利率(%)	借款合同	2012年初余额(元)	2012—2014 增加(元)	2012—2014 减少(元)	2014年末余额(未审数)(元)	支付利息已核对	2014年末余额审定数(元)	授权或批准	备注
工行 ×× 办	2011.12.18 — 2012.12.18	村办企业流动资金	担保	5.58	√	150000		150000		√			
农行 ×× 办	2014.2.5 — 2015.2.5	周转金	担保	5.8	√		100000		100000	√	100000	√	村"两委"班子成员会议决定
合计						150000	100000	150000	100000		100000		

审计说明：
1. 审验了借款合同，函证了借款银行，复函表明借款事项可以确认；
2. 审查借还款及利息支付会计记录，会计记录正确；
3. 2012 年至 2014 年年初、年末数与总账、明细账、资产负债表核对相符；
4. 查阅了相关会议记录和村民主理财活动登记簿；
5. 借经村"两委"班子会议讨论通过，但未召开村民大会（代表会议）或民主理财组织成员会议进行讨论。

审计结论：
借款余额 100000 元可以确认。借经村"两委"班子会议讨论通过，但未召开村民大会（代表会议）或民主理财组织成员会议进行讨论。不符合《村集体经济组织财务制度（试行）》第十四条、五十五条及《村集体经济组织会计制度》"会计核算的基本要求"（二十一）的规定。

审计证据：
1. C 村与工行 ×× 办、农行 ×× 办签订的借款合同复印件；　　2. 村"两委"班子成员会议记录复印件；
3. C 村债务函证情况审定表；　　4. C 村 2012 年至 2014 年短期借款总账账页、明细账账页、有关会计凭证复印件；
5. C 村 2012 年至 2014 年资产负债表复印件；　　6. C 村 2014 年底清产核资表复印件。

底稿2

应付款明细审定表

被审计单位：C村　　编制人：王××　　日期：2015年1月12日　　索引号：×
截止日：2014.12.31　　复核人：李××　　日期：2015年1月13日　　页次：×

序号	科目名称	2012年年初余额（贷方）（元）	2012年至2014年增加数（贷方）（元）	2012年至2014年减少数（借方）（元）	2014年年末余额（贷方）（元）	发生日期	审定数（元）	备注
	应付款	250000	126638	50000	326638		326638	总账科目
1	江东香粉厂押金	50000			50000	2012.1.12	50000	承包押金
2	大兴桂林场押金	30000			30000	2010.3.1	30000	承包押金
3	大和石场押金	20000			20000	2010.5.30	20000	承包押金
4	张三桂	150000		50000	100000	2011.12.29	100000	欠工程款
5	莫春花		3000		3000	2013.6.1	3000	门店出租押金
6	李建国		3000		3000	2014.8.30	3000	门店出租押金
7	莲塘征地款		95638		95638	2014.9.11	95638	代收征地款
8	陈安康		25000		25000	2014.2.15	25000	往来款
	明细科目合计	250000	126638	50000	326638		326638	

审计说明：
1. 与C村会计提供的2014年底清产核资应付款明细表核对相符；
2. C村2014年第四季度长期借款利息16000元未计提记入应付账户，详见底稿4；
3. 函证了所有债权人，复函证明均与账户余额相符；
4. 审查了C村与三和公司签订的莲塘地块征地协议及征地批文。

审计结论：
　　应付款账账、账证、账表相符，余额调增2014年第四季度利息16000元后，期末余额342638元可以确认。

审计证据：
1. C村2014年底清产核资应付款明细表复印件；
2. C村2012年至2014年资产负债表复印件；
3. C村应付款2012年至2014年总账账页与明细账页复印件；
4. C村应付款2002年至2004年发生额会计凭证复印件；
5. C村莲塘地块征地批文及与三和公司签订的征地协议书复印件；
6. C村债务函证复函情况审定表。

底稿 3

长期借款及应付款审定表

被审计单位：C 村　　　　编制人：张××　　　　日期：2015 年 1 月 11 日　　　　索引号：×
截止日：2014 年 12 月 31 日　　复核人：李××　　　　日期：2015 年 1 月 13 日　　　　页次：×

贷款单位	币种	借款起讫日	借款用途	借款条件	年利率（%）	借款合同	2012 年初余额（元）	2012—2014 年 增加	2012—2014 年 减少	2014 年末余额（审定数）（元）	授权或批准	备注
××镇农村信用合作社	人民币	2011.6.1 — 2016.6.1	香粉厂房建设	担保	8	√	800000			800000	√	村"两委"班子成员会议决定
合　计							800000			800000		

审计说明：
1. 审验了借款合同，借款总金额 800000 元，函证了××镇农村信用合作社，借贷事项真实；
2. 查阅会议记录和村民主理财活动和记录，会计记录正确；
3. 检查了该借款相关会计凭证和记录，会计记录正确；
4. 2012 年至 2014 年年初，年末数与资产负债表、总账、明细账核对相符；
5. 借款由村"两委"班子成员会议决定，但未召开村民大会（代表会议）或民主理财组织成员会进行讨论。

审计结论：
账面余额 800000 元可以确认。该借款由村"两委"班子成员会议决定，但未召开村民大会（代表会议）或民主理财组织成员会（代表会议）或民主理财组织成员会进行讨论，不符合《村集体经济组织财务制度（试行）》第十四条、第五十五条及《村集体经济组织会计制度》"会计核算的基本要求"（二十一）的规定。

审计证据：
1. C 村与××镇农村信用合作社签订的借款合同复印件；　　2. C 村债务函证情况审定表；
3. C 村有关借款会议记录复印件；　　4. 2012 年至 2014 年长期借款科目总账与明细账页、资产负债表复印件；
5. C 村 2014 年底清产核资报表复印件。

底稿 4

长期借款及应付款利息测算表

被审计单位：C 村　　　　　　　　编制人：张×× 　　日期：2015 年 1 月 12 日　　　　索引号：×
截止日：2014 年 12 月 31 日　　　复核人：李×× 　　日期：2015 年 1 月 14 日　　　　页次：×

贷款单位	借款本金（元）	年利率（%）	2011 年			2012 年			2013 年			2014 年		
			应付数（元）	实付数（元）	应付与实付差额（元）	应付数（元）	实付数（元）	应付与实付差额（元）	应付数（元）	实付数（元）	应付与实付差额（元）	应付数（元）	实付数（元）	应付与实付差额合计（元）
某镇信用社	800000	8	37333	21333	16000	64000	64000		64000	64000		64000	64000	16000
合计	800000	8	37333	21333	16000	64000	64000		64000	64000		64000	64000	16000

审计说明：
1. 追溯审计了 2011 年与长期借款利息有关的会计记录；
2. 借款合同规定每季度末后 15 天内付息；
3. 与"其他支出"总账科目、明细账科目记录对相符，并检查了有关付息凭证；
4. 长期借款利息核算不能采用收付实现制，应当采用权责发生制。2012 年至 2014 年实付数均含上一年第四季度应付滚动利息 16000 元，故 2014 年应补提第四季度利息 16000 元，调整分录：

　　借：未分配收益　　　　　　　　　　　　　16000
　　　　贷：应付款——某镇农村信用合作社　　　　16000

审计结论：
长期借款利息核算采用收付实现制，导致 2012 年至 2014 年当年"其他支出"少记 16000 元，"应付款"少记 16000 元，用权责发生制调整后三年"其他支出"总账页与明细账页复印件。

审计证据：
1. C 村与某镇信用社签订的借款合同复印件；　　2. 2012 年至 2014 年"其他支出"总账页与明细账页复印件；
3. 2012 年至 2014 年付息凭证复印件。

应付福利费审定表

被审计单位：C 村　　　　　　　　编制人：王×× 　　　　日期：2015 年 1 月 13 日　　　索引号：×
截止日：2014 年 12 月 31 日　　　复核人：李×× 　　　　日期：2005 年 1 月 14 日　　　页次：×

年份	年初余额（元）	年末可分配净收益总额（元）	提取率（%）	应提取数（元）	已提取数（元）	应提与已提之差	本年使用数（元）	年末余额（元）	审定数（元）
2012	20000	176665	15	26300	26300		19800	26500	26500
2013	26500	198133	15	29720	29720		26000	30200	
2014	30200	14300	15	21450	21450		29763	21887	
合计									

审计说明：

1. 查阅了 C 村提供的《××镇关于村合作经济组织福利费计提问题的规定》；
2. 查阅了福利费开支的会计凭证等记录，计提金额符合有关规定，开支范围符合有关规定。具体为计划生育开支、五保户、困难户补助、农村合作医疗卫生等支出、小学经费补贴等。

审计结论： 计提标准符合有关规定，计提金额正确，使用范围符合规定用途，账账、账证、账表相符，2012 年至 2014 年三年年末余额可以确认。

审计证据：

1. 《××镇关于村合作经济组织福利费计提问题的规定》复印件；
2. C 村 2012 年至 2014 年度资产负债表复印件；
3. 应付福利费总账账页、明细账账页复印件及使用福利费的有关会计凭证复印件。

底稿 5

底稿 6

长短期借款使用情况审定表

被审计单位：C 村　　　　　　　　　　编制人：王 × ×　　　　日期：2015 年 1 月 14 日　　索引号：×
截止日：2014 年 12 月 31 日　　　　　复核人：李 × ×　　　　日期：2005 年 1 月 15 日　　页次：×

序号	日期	凭证编号	业务内容摘要	会计记录 借方科目	会计记录 贷方科目	金额（元）	备注
1	2011.3.2	0311	预付香粉厂房建设首期工程款	在建工程	银行存款	250000	村自有资金
2	2011.7.6	0721	预付香粉厂房建设第二期工程款	在建工程	银行存款	800000	6 月底账面存款余额 885000 元，其中借入 800000 元
3	2011.12.29	1219	香粉厂工程竣工验收结算补付工程款	在建工程	银行存款 应付款	650000 150000	12 月 28 日银行存款余额为 703 542 元，其中借入人短期借款 150000 元
4	2011.12.31	1226	香粉厂交付使用，结转固定资产	固定资产	在建工程	1850000	
5	2014.2.21	0223	付改扩建老店铺工程款	在建工程	银行存款	154730	2014 年 2 月 20 日银行存款余额 237429 元，其中借入人短期借款 100000 元

审计说明：追溯审计了 2011 年度会计凭证和会计账簿等资料。

审计结论：长期借款 800000 元 按借款合同规定全部用于香粉厂房建设，短期借款 250000 元的使用与借款合同规定的用途不符。

审计证据：

1. 长短期借款合同复印件；　　　2. 2011 年 0311 号、0721 号、1219 号、1226 号凭证及 2014 年 0223 号凭证复印件；
3. 2011 年 3 月、7 月、12 月及 2014 年 2 月份银行对账单、银行存款日记账复页复印件。

第三节 "一事一议"审计

一、"一事一议"审计的目标

①确定"一事一议"筹资筹劳程序、标准的合法性；
②确定"一事一议"筹资筹劳范围、原则的合理性；
③确定"一事一议"资金管理制度的健全性；
④确定"一事一议"资金使用的合理性。

二、"一事一议"审计的特点

（1）审计依据的明确性。国家对"一事一议"筹资筹劳程序、范围、原则、限额都有明确的规定，审计所选用的依据非常明确。

（2）审计内容的专项性。"一事一议"资金使用专用票据，实行专户储存、专款专用。

三、"一事一议"筹资筹劳内部控制制度评审

（1）审查"一事一议"筹资筹劳内部控制制度的健全性，是否建立健全内部控制制度。

（2）审查"一事一议"筹资筹劳内部控制制度的合法、合理性，是否存在违反减轻农民负担有关规定的内容。

四、"一事一议"的实质性审计

（一）审查"一事一议"筹资筹劳程序

（1）审查预案。村（组）集体组织是否在年初按建设项目、投资概算、筹资筹劳额度、分摊办法和减免措施等事项，提出符合议事范围和限额标准的筹资筹劳初步预案，经村委会、支部会初审讨论通过形成正式议案后，印发给本村（组）全体村民。

（2）审查会议。是否适时召开村民会议，或村民代表会议，对"一事一议"议案进行审议和表决。

（3）审查决议。"一事一议"筹资筹劳决议是否是到会人员的过半数表决同意，并签字认可而形成的。

（4）审查程序。村民会议或村民代表会议表决通过并签字的"一事一议"筹资筹劳决议是否报经乡（镇）农民负担监督管理部门审核，是否经过乡镇人民政府或县级农民负担监督管理部门审批备案。经审查批准的"一事一议"筹资筹劳决议和方案是否通过广播或村务公开栏等形式向群众进行公布。

(二) 审查"一事一议"筹资筹劳收取情况

(1) 审查筹资筹劳范围。进行"一事一议"筹资筹劳，是在全面实行了农村税费改革以后，特别是在全部免征农业税后，村提留和乡统筹费都被取消了，原来由乡统筹和村提留中开支的村级道路建设、农田水利基本建设、植树造林等村内兴办集体生产和公益事业必需资金，不再固定向农民收取，采取"一事一议"的办法进行筹资筹劳。也就是由农民自己民主来决定村（组）集体生产和公益事业的发展：需要办的事就议，不需要办的事就不议；办一事议一次，有多少钱办多少事；多数农民同意的就办，大多数不同意的就不办或缓办。

审查筹资筹劳范围的目的是确定筹资筹劳的项目是否属于兴办农田水利基本建设，修建村级道路、桥梁，植树造林等集体生产公益事业；有无违背民主决策和村民意愿而擅自巧立名目变相筹资筹劳的行为；有无将改造耕地、林地、草地、鱼塘、"四荒地"、农村电网改造、学校危房改造、五保户供养、村组干部工资、管理费、水利工程、水电费等有明确经费渠道和开支规定的费用和劳务以及偿还村级债务等不属于"一事一议"筹资筹劳范围的其他项目纳入"一事一议"筹资筹劳范围。

(2) 审查筹资筹劳标准。是否超过每人每年最高不得超过15元和每个劳动力每年最多不超过10个标准工作日的限额标准。

(3) 审查筹资收取方式。收取方式是否规范，收取行为是否文明，有无采用威逼手段强行收取，是否存在"搭车收费"的现象；收取款项是否向出资人开具票据，有无收款不开具票据或乱收乱扣的行为；有无强制农民以资代劳的行为，对外出打工或其他原因，农民自愿以资代劳的，是否由本人或其家属向村民委员会提出申请，经批准后，由村代为雇请劳动力来完成，以资代劳工价标准是否按县级农民负担监督管理部门制定的标准执行，并向群众公布。

(4) 审查筹资筹劳的对象。筹资筹劳是否按本村人口和男性18～55周岁、女性18～50周岁的劳动力承担；对家庭确有困难，不能承担或者不能完全承担筹资任务的，因病、伤残不能承担或者不能完全承担筹劳的，以及按农村实行计划生育政策应给予优惠的农户，是否在由本人提出申请，并经村民会议或村民代表会议的民主审议程序讨论通过后，给予酌情减免；对现役军人、复员退伍的伤残军人、在校就读学生、孕妇、实施计划生育绝育手术未满一年或分娩未满一年的妇女，是否免除了承担劳务。

(三) 审查"一事一议"筹资筹劳管理情况

(1) 审查票据和专户。有无使用专用票据，是否建立严格的票据管理制度，实行领用、使用、核销登记制度；收取的筹集资金，是否按规定进行管理，专户储存、专款专用。

(2) 审查招投标和民主监督。使用"一事一议"资金的工程项目是否进行公开招投标、实行民主管理，特别是监督小组或民主理财小组是否对项目建设的过程进行了全面监督。

（3）审查档案管理。对"一事一议"筹资筹劳的审核、审批、备案的方案、决议、审批表等有关资料，及专用票据的领用、使用登记、票据"存根"等，是否建立健全了档案管理制度，实行专人、专柜和专袋（夹）管理。

（四）审查"一事一议"筹资筹劳使用情况

（1）审查使用内容。"一事一议"资金使用内容是否符合政策法规的规定，是否专款专用；有无被挤占平调为它用的情况，如，挪用于其他生产项目、其他公益事业、管理费等，是否存在乱发福利补贴、挥霍浪费等现象；是否违反财经纪律，有无贪污挪用的违法违纪问题。

（2）审查开支程序手续。是否进行了严格的审批和监督程序，重大开支有无经过成员代表会议集体讨论决定；各项开支是否真实合法、手续是否齐全。

（3）审查用工。对"一事一议"所筹劳务的使用，是否建立用工管理制度和制定合理的劳动定额，并进行统一调度，合理安排用工，以提高劳动效率。除县级以上人民政府因特大防洪、抢险、抗旱等紧急任务批准临时动用农村劳动力的劳务外，有无其他单位无偿要求农民出劳的现象。

（4）审查决算。决算是否符合规定，是否真实合法；有无弄虚作假行为。

（五）审查"一事一议"筹资筹劳公开情况

①审查是否建立筹资筹劳公开制度；

②审查公开内容：审查筹资筹劳公开存档资料，看公开内容是否全面；

③审查公开时间：审查筹资筹劳公开存档资料，看公开时间是否及时；

④审查公开方式：审查筹资筹劳公开存档资料，看是否专项公开。

五、"一事一议"审计工作底稿

"一事一议"审计常用的工作底稿有：

①"一事一议"内部控制评审表；

②"一事一议"筹资筹劳程序审定表；

③"一事一议"筹资筹劳收取情况审定表；

④"一事一议"筹资筹劳管理情况审定表；

⑤"一事一议"筹资筹劳使用情况审定表；

⑥"一事一议"筹资筹劳公开情况审定表。

六、"一事一议"审计案例——工作底稿范例

 底稿1

民主决策程序审定表

被审计单位：独岗村	编制人：陈××	编制日期：2014.5.16	索引号：××
截止日期：2013.12.31	复核人：李××	复核日期：2014.5.19	页次：××
审计说明	2013年4月5日上午，在村委会二楼会议室召开村委会干部、村民代表、各有关村小组长、村办企业负责人会议。 会议内容：主要研究村民代表在2013年3月3日联名提出筹资筹劳兴建独岗大道的议案（该议案是3月18日经村民委员会研究形成正式议案）。 参加人数：（1）应到会65人，实际到会60人，到会率92.3%。			
审计结论	村成员代表大会一致通过筹资筹劳兴建独岗大道的议案，并于4月12日将筹资筹劳兴建独岗大道预算方案向全村的村民公示，符合民主决策程序。			
审计证据	1. 2013年4月5日独岗村召开成员代表大会会议记录复印件1份； 2. 独岗大道预算方案1份。			
附 独岗大道预算方案	项目名称：独岗大道（由上沙一村路口至四清公路旁）。 项目规模：道路全长1650米，铺水泥，路面宽3.5米、厚0.18米，计1039.5立方米。 工程承建形式：工程采用包工不包料的形式（施工用原材料：水泥500#、石仔、河沙、石粉由筹建的村负责供应）。 工程预算： 1. 原材料 （1）水泥：每立方7包计算，需363.8吨，单价300元，计款109 140元；（2）石仔：885立方，单价33元，计款29 205元；（3）河沙：800立方，单价26元，计款20 800元；石粉：400立方，单价15元，计款6 000元；（4）石渣：500立方，单价20元，计款10 000元。共175 145元。 2. 人工预算 每立方米40元，共41 580元。 3. 其他开支 约20 000元（包括：管理人员工资，道路施工前清除道路两旁树木杂草等项目）。 4. 路基培固工程 需填土及填石粉600立方，18 000元。 以上1～4项合计：254 725元。			

底稿 2

筹资兴建独岗大道方案审定表

被审计单位：独岗村	编制人：陈××	编制日期：2014.5.16	索引号：××
截止日期：2013.12.31	复核人：李××	复核日期：2014.5.19	页次：××

审计说明	独岗村辖下 8 个村民小组，2012 年 12 月 31 日在册农业总人口为 4 535 人，其中上沙一队 653 人，上沙二队 547 人，上沙三队 734 人，上沙四队 445 人，下沙一队 556 人，下沙二队 639 人，下沙三队 363 人，下沙四队 598 人。筹款情况： （1）每人按 15 元标准筹集，可筹资 68 025 元； （2）每个村小组出资 10 000 元，可筹资 80 000 元； （3）村办木器厂出资 18 000 元； （4）在香港的胡松宏、胡松远两兄弟出资 30 000 元； （5）××镇政府出资 35 000 元； （6）村辖区内有摩托车 235 部，每部车主出资 100 元，共计 23 500 元； （7）村辖区内有汽车 22 部，每部车主出资 500 元，共计 11 000 元。 以上（1）至（7）项合计 265 525 元。
审计结论	按每个农业人口 15 元的标准筹资，符合"一事一议"筹资筹劳原则和有关规定
审计证据	××镇独岗村筹资兴建独岗大道的方案复印件 1 份。

底稿 3

独岗大道工程招投标情况审定表

被审计单位：独岗村	编制人：陈××	编制日期：2014.5.17	索引号：××
截止日期：2013.12.31	复核人：李××	复核日期：2014.5.19	页次：××

审计说明	1. 2013 年 6 月 3 日上午，在村委会办公楼二楼会议室对独岗大道进行公开招投标，××市建筑工程公司（××施工队）中标； 2. 2013 年 6 月 3 日上午，签订了《独岗大道施工承包合同》。
审计结论	独岗大道工程依法进行了公开招投标
审计证据	1. 独岗村 2013 年 6 月 3 日进行公开招投标会议记录及招标书复印件各 1 份； 2.《独岗大道施工承包合同》复印件 1 份。

底稿4

独岗大道工程人工费审定表

被审计单位：独岗村	编制人：陈××	编制日期：2014.5.17	索引号：××
截止日期：2013.12.31	复核人：李××	复核日期：2014.5.19	页次：××
审计说明	1. 2013年6月18日：按工程款的30%付首期款12500元 2. 2013年7月2日：支工程款8000元 3. 2013年7月12日：支工程款10000元 4. 2013年8月7日：支工程款5000元 5. 2013年8月12日：支工程款3000元（工程完工） 6. 2013年9月2日：支工程余款3080元（经××市地方公路站等部门验收合格结清工程款） 以上1~6合计：41580元			
审计结论	独岗大道支付××施工队工程款41580元，与《独岗大道施工承包合同》结算方案相符，可以确认。			
审计证据	独岗村2013年6至9月支付独岗大道工程款会计凭证复印件6份。			

底稿5

独岗大道资金来源和材料审定表

被审计单位：独岗村	编制人：陈××	编制日期：2014.5.18	索引号：××
截止日期：2013.12.31	复核人：李××	复核日期：2014.5.19	页次：××

名称	凭证日期	凭证号码	会计科目名称	原记录	金额（元）		审计说明
					借方	贷方	
记账凭证	2013.6.5	0089	其他应付款——独岗大道	建独岗大道筹资款		265525	收农户、村小组村木器厂等
记账凭证	2013.7.8	00103	在建工程——独岗大道	南阳水泥厂购进500#水泥	109140		购进的材料直接计入"在建工程"
记账凭证	2013.7.8	00104	在建工程——独岗大道	前卫石厂购进885立方石仔	29205		购进的材料直接计入"在建工程"
记账凭证	2013.7.8	00105	在建工程——独岗大道	河北沙场购进800立方河沙	20800		购进的材料直接计入"在建工程"

审计结论	1. 筹资方案通过后，村会计按筹资分配表上的人员姓名、村小组和村办木器厂等进行登记入账，分录：借：应收款——×××　贷：其他应付款——独岗大道，与《村集体经济组织会计制度》会计科目的使用不符。建议作如下调整：借：其他应付款——独岗大道　贷："一事一议"资金——独岗大道。 2. 以现金支付购进的水泥、石仔、河沙等原材料，没有设置"库存物资"账户进行核算，而是直接计入"在建工程"账户，与《村集体经济组织会计制度》规定不符。该业务虽已完工，但今后需加强对购进存货的管理与核算。
审计证据	独岗大道在建工程有关会计凭证、会计账页复印件8张。

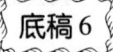

独岗大道工程完工与"一事一议"结算审定表

被审计单位：独岗村	编制人：陈××	编制日期：2014.5.17	索引号：××
截止日期：2013.12.31	复核人：李××	复核日期：2014.5.19	页次：××
审计说明	经审查核对2013年独岗村的会计账簿、报表、凭证、"一事一议"资金明细账、财务公开存档资料，发现： 1. 2013年9月工程竣工验收合格，正式交付使用后，没有将"在建工程"转出记入"在建工程"账户的贷方、同时增加固定资产并记入"固定资产"账户的借方。 2. 没有将"一事一议"结余资金转入积累，减少"一事一议资金"，增加"公积公益金"。 3. 以现金购买水泥、石仔、河沙等原材料的单据，虽然有经手人和证明人及村的主要负责人签名，但账本中却没有设置"库存物资"账户进行处理，而是直接计入"在建工程"账户进行会计核算。 4. 工程完工后没有及时将独岗大道的筹资筹劳情况和工程结算的总开支及时向村民公开，接受群众监督。		
审计结论	会计处理不及时，科目运用不规范，村务公开不及时。		
审计证据	1. 独岗村2013年资产负债表1份； 2. 科目余额表1份； 3. "一事一议"筹资筹劳情况公布表1份。		

第六章　所有者权益审计

所有者权益是村集体经济组织及其投资者在村集体经济组织资产中享有的经济利益，包括资本、公积公益金和未分配收益。其金额为村集体经济组织全部资产减去全部负债后的余额。所有者权益审计的目的，是为了确定被审计单位所有者权益内部控制的有效性，检查资本变动、公积公益金的取得和使用及收益分配业务的合法性、合理性和会计处理的正确性，证实各项目期末余额的真实性。

第一节　公积公益金审计

一、公积公益金审计的目标

公积公益金是村集体经济组织从收益中提取的和其他来源取得的用于扩大生产经营、承担经营风险及集体公益事业的专用基金。主要来源有：从本年收益中提取、资本溢价、接受捐赠的资产、有关部门拨款、资产重估溢价、土地补偿费、转让土地使用权收入、"一事一议"筹资筹劳转入等。公积公益金经过有关规定程序可用于转增资本、弥补亏损和集体福利等公益设施建设。公积公益金审计的目标是：

①确定公积公益金内部控制制度是否存在、有效且被一贯遵守；
②确定公积公益金的取得是否符合法律法规、合同、章程、制度等规定，会计记录是否正确、完整；
③确定公积公益金的减少或使用是否符合规定，会计记录是否正确；
④确定公积公益金期末余额是否正确；
⑤确定公积公益金在资产负债表上的反映是否恰当。

二、公积公益金审计的特点

（1）公积公益金审计一般工作量不大。村集体经济组织发生的公积公益金业务较少，一般集中在年底收益分配和年终结算之时，经营活动期间增减变动较少。因此，公积公益金审计一般工作量不大。

（2）公积公益金审计程序和方法比较简单。一般采用详查法，对发生的公积公益金业务通常直接进行审计，通过对公积公益金内部控制制度测评来确定审计范围和重点的方法使用较少。审查重点一般在公积公益金的形成和增减变动的原因、程序、依据、验资、核算等环节。

（3）公积公益金审计的固有风险相对较小。公积公益金业务本身的特点决定了公积公益金审计的固有风险相对较小。

三、公积公益金内部控制制度评审

（一）公积公益金内部控制制度评审的一般内容

（1）职责分工制度。公积公益金业务的审批、执行、会计记录、货币资金或实物资产的收取和保管等必须由不同人员分工负责，岗位职责明确。

（2）民主决策和授权批准制度。公积公益金的提取和使用必须符合有关法律法规、制度、章程规定，由村民集体经济组织成员（代表）大会讨论决定或授权批准，程序合法合规。

（3）会计核算制度。公积公益金有专人负责核算工作，设置总账、明细账，发生业务时按规定办理手续，及时完整地记录；

（4）定期检查核对制度。对公积公益金的形成及增减变动定期检查是否真实、合法、合规，会计处理是否准确完整等。

（二）公积公益金内部控制制度的评审方法

（1）了解并描述公积公益金内部控制。审计人员在收集、审阅相关制度、章程文件等资料基础上，结合调查表或文字描述等方法描述出来，纳入审计工作底稿。

（2）查阅有关规章制度文件、岗位责任制，实地观察和询问有关人员，确定处理公积公益金业务中不相容职务是否分离，有关人员职责是否明确，会计核算制度是否建立完善并执行。

（3）了解公积公益金业务处理是否符合有关规定，查阅有关批准文件，看其提取和使用是否经村民（代表）大会或股民（代表）大会决议后办理，内部情况如何。

（4）分析核实公积公益金账户。审计人员对本年收益及其分配和公积公益金账户进行审阅、复核，并与前期对比分析，确定本年收益及提取的公积公益金的正确性，确定其增减变动的合理性。

（5）评价公积公益金内部控制。经过对公积公益金内部控制的符合性测试，对其健全性、有效性和可信赖程度作出客观评价，确定实质性审查重点，并指出存在问题，提出改进意见。

四、公积公益金的实质性审计

公积公益金实质性审计的一般程序和方法是：

（1）获取或编制公积公益金明细表，复核加计数是否正确，并与总账、明细账、报表余额核对，看是否相符。

（2）检查公积公益金增减变动的内容及其依据。具体方法是通过审阅相关会计记录和原始凭证，审阅相关法律法规制度、章程、合同、协议、村集体经济组织成员（代表）会议记录等资料，确定其增减变动的合法性和正确性。

（3）审查公积公益金的提取。主要审查提取的基数即本年末可分配收益总额是否正确，提取标准和比例是否符合法律法规制度的规定，并经村集体经济组织成员会议讨论通过，提取手续是否完善，有无多提或少提。

（4）审查资本溢价。主要是审查吸收新的投资者时，计入公积公益金的溢价金额是否按实际出资额与其投入资本的差额来确定，其投资是否经村民（代表）大会决议并办理了相关手续。

（5）审查接受捐赠资产是否按规定办理了产权转移手续，是否经过验收，计价是否合理，账务处理是否正确，有无存在捐赠资产未入账情况。

（6）审查资产重估溢价。主要审查资产重估是否有合适的理由，并经授权批准，估价方法是否正确，评估机构是否具备法定资格，有无通过高估或低估价值人为调节公积公益金的情况。

（7）审查土地补偿费和转让土地使用权收入。审计人员应审查征用土地的文件、协议、合同、会议记录等，看其是否合法并经过批准，土地补偿费的标准是否合法合规，金额计算是否正确，土地补偿费是否实行专户管理，土地补偿费的分配是否经村民（代表）大会决议，手续是否齐全，核算是否规范，结转公积公益金的金额是否正确，留归村集体发展生产的部分是否专款专用。审查时应核对土地补偿费专户余额与村集体公积公益金中"土地补偿费"明细科目余额是否一致，以确定土地补偿费是否被挪作他用。审查转让土地使用权收入的合同、协议、会议记录等，转让期限、转让费的计算是否合法合规并经授权批准，核算是否正确。审计时在审查总账、明细账与原始凭证基础上，还应同时审查其他应付款中的土地补偿费明细科目。

（8）审查"一事一议"筹资筹劳转入，主要审查"一事一议"筹资筹劳是否合法，并经村民（代表）大会讨论决定，标准是否符合规定，金额计算是否正确，使用是否合法合理合规，账务处理是否正确等。

（9）审查公积公益金的使用情况，看其使用是否符合制度规定的转增资本、弥补亏损和用于集体福利等生产、公益设施建设，有无挪作他用；使用方案是否经村民（代表）大会决议并办理相关手续，账务处理是否完整正确。尤其要注意审查土地补偿费的使用是否合法合规，有无挪作他用，并与现金和银行存款的审计结合起来，看是否存在土地补偿费余额很大而现金和银行存款余额很小的情况，若有，表明土地补偿费可能已被挪作他用。

（10）检查公积公益金的期末余额是否正确，在资产负债表上的反映是否恰当。

五、公积公益金审计常用的工作底稿

公积公益金审计常用的工作底稿有：

①公积公益金相关内部控制调查表；

②公积公益金内部控制制度符合性测试表；

③公积公益金余额审定表；

④公积公益金增减变动情况审定表；

⑤公积公益金使用情况审定表；

⑥土地补偿费使用情况审定表等。

六、公积公益金审计案例——工作底稿范例

底稿1

2013年度提留公积公益金审定表

被审计单位：东永经联社　　　编制人：温锐明　　日期：2014.4.15　　索引号：
会计期间：2013.1.1—2014.3.31　　复核人：罗强　　　日期：2014.4.15　　页次：

项　　目	账面数（元）	调整数（元）	审定数（元）
本年收益	13 245.20		13 245.20
加：年初未分配收益			
其他转入			
可分配收益	13 245.20		13 245.20
减：1. 提取公积公益金		1986.78	1986.78
2. 提取应付福利费	13 245.20	－11 920.68	1 324.52
3. 外来投资分利			
4. 农户分配			
5. 其他			
年末未分配收益	0	9 923.90	9 923.90

审计说明：

东永经联社没有按《××镇农村集体经济组织财务管理制度》的规定进行收益分配，而将2013年度收益13 245.20元全部提取为应付福利费。应先将原账务处理调回，再根据《××镇农村集体经济组织财务管理制度》规定，按年度收益提取公积金、公益金、应付福利费分别为10%，5%和5%，会计分录分别为：

（1）借：应付福利费——应付福利费结转　　　13 245.20
　　　　贷：收益分配——未分配收益　　　　　　　　13 245.20

（2）应进行如下会计调整：
　　借：收益分配——未分配收益　　3 311.30
　　　　贷：公积公益金——公积金　　　1 324.52
　　　　　　　　　　　　——公益金　　　662.26
　　　　　　应付福利费——应付福利费结转　1 324.52

审计结论：
东永经联社未按规定将 2013 年度收益 13 245.20 元进行分配，将 2013 年度收益 13 245.20 元全部提取为应付福利费，年终收益分配处理不当，应进行调整并按规定进行年终分配。

审计证据：
1. 2013 年度收益及收益分配表复印件； 　　2. 2013 年 12 月 20 日转账凭证复印件；

底稿 2

土地补偿费使用审定表

被审计单位：东永经联社　　　　编制人：温锐明　　　日期：2014.4.18　　索引号：
会计期间：2013.1.1—2014.3.31　复核人：罗强　　　　日期：2014.4.19　　页次：

项目	使用日期	金额（元）	备注
农户分配	2014.2.14	203 000	每人 200 元
借出款	2014.2.16	300 000	以年利率 6% 借给村民李光兴建厂房
合计		503 000	

审计说明：
1. 东永经联社没有开设"土地补偿费"专户。 　　2. 2014 年 2 月 14 日，经村民代表会议决定，分配土地 203 000 元，记入"其他支出"。 　　3. 2014 年 2 月 16 日，借给村民李光兴 300 000 元，年利率 6%，签有借款合同，合同没有规定还款期限。此借款经村"两委"会议决定，但没有经村民会议或村民代表会议通过。经查阅村"两委"会议记录，此款属于征地补偿费。 　　4. 东永经联社没有在村务公开栏公开土地补偿费使用情况。

审计结论：
1. 东永经联社没有经村民会议或村民代表会议通过，将 300 000 元土地补偿费借给村民李光兴，与《广东省征用农民集体所有土地各项补偿费管理办法》第六条规定不符，责令收回借给村民李光兴的 300 000 元土地补偿费。 　　2. 东永经联社没有在银行开设专户存放收到的土地补偿费，也没有在村务公开栏公开土地补偿费使用情况，与《广东省征用农民集体所有土地各项补偿费管理办法》第七条规定不符，要求东永经联社在银行开设专门账户存放土地补偿费，专账管理，并在村务公开栏公布土地补偿费使用情况。 　　3. 东永经联社将分配土地补偿费 203 000 元记入"其他支出"科目，与《村集体经济组织会计制度》有关公积公益金的规定不符。应作如下调整： 　　　　借：公积公益金——土地基金　　203 000.00 　　　　　　贷：其他支出　　　　　　　　　　203 000.00

审计证据：
1. "两委"会议记录复印件；　2. 询证复函；　3. 借款合同复印件；　4. 土地补偿费借出和分配支出凭证复印件。

公积公益金审定表

被审计单位：东永经联社　　　　编制人：温锐明　　日期：2014.4.16　　索引号：
会计期间：2013.1.1—2014.3.31　　复核人：罗强　　　日期：2014.4.17　　页次：

内容	账面数（元）	调整数（元）	审定数（元）
2014.3.31 余额	223 830.00	418 986.78	642 816.78
其中：公积金	149 220.00	11 324.52	160 544.52
公益金	74 610.00	10 662.26	85 272.26
土地基金		397 000.00	397 000.00

审计说明：

　　1. 公积金调整，加：2013 年收益提留 1 324.52 元（详见底稿 1）、记入公积金科目的管理费用和其他支出 10 笔共 10 000 元（详见科目调整表）。

　　2. 公益金调整，加：2013 年收益提留 662.26 元（详见底稿 1）、记入公益金科目的应付福利费和其他支出 8 笔共 10 000 元（详见科目调整表）。

　　3. 土地基金调整，加：未记入土地基金的土地补偿费 600 000 元，减：未记入土地基金的土地补偿费分配 203 000 元，共调加 397 000 元。

审计结论：

　　1. 经审定，2014 年 3 月 31 日公积公益金余额为 642 816.78 元，其中公积金 160 544.52 元、公益金 85 272.26 元、土地基金 397 000 元。

　　2. "公积公益金"科目核算不规范，将不属于该科目核算内容的管理费用、其他支出、应付福利费等列入该科目核算。

　　3. 土地补偿费的收支均没有记入土地基金科目，未进行明细核算。

审计证据：1. 科目调整表；　2. 土地补偿费收入、分配凭证复印件。

第二节　收益分配审计

　　收益是村集体经济组织在一定期间内生产经营服务活动的成果，是反映和考核村集体经济组织生产经营和服务活动的综合性财务指标。收益分配就是把当年已经确定的收益总额连同以前年度的未分配收益按照一定的标准进行合理分配。村集体经济组织的收益按照"大部分用于生产发展，小部分用于集体福利"的原则，按照下列顺序进行分配：提取公积公益金，提取福利费，向投资者分利、农户分配、其他分配。分配后余额作为未分配收益结转下年度。

一、收益分配审计的目标

收益分配审计的主要目标是：

①确定被审计单位的收益分配内部控制制度是否存在、有效且被一贯执行；

②确定被审计单位本年收益的计算、记录是否正确和完整；

③确定被审计单位的收益分配是否合法、合规、合理和经过规定的程序，核算是否正确；

④确定被审计单位年末未分配收益是否正确；

⑤确定被审计单位收益分配项目在会计报表上的反映是否恰当。

二、收益分配审计的特点

村集体经济组织收益分配具有如下几个主要特点：

（1）审计范围的广泛性。收益分配审计同时要对本年收益的实现和收益分配全部相关业务进行审计，牵涉到所有收入类、支出（费用）及成本类和所有者权益类等科目。因此，审计范围具有广泛性特点。

（2）审计工作的复杂性。由于审计范围广，收益来源多样，支出错综复杂，支出项目相互间或与收入项目间不存在严格的配比关系，收益分配又有很强的政策性，必须严格遵守财务会计制度等有关规定，按照规定程序和要求进行，因此给审计工作带来复杂多变性。

（3）审计的检查风险较高。由于村集体收入涉及的行业多、种类多、渠道宽、范围广，既有经营性收入，又有非经营性收入，且有的收入具有隐蔽性，村集体的支出项目繁多，与收入之间的配比关系不是很严格。因此，收益的确认较困难，给审计工作带来较高的检查风险和不确定性。

三、收益分配内部控制制度评审

（一）收益分配内部控制制度的一般内容

（1）职责分工制度。收益的核算、收益分配方案的制订实施、股息红利的发放等必须由不同人员分工负责，岗位职责明确。

（2）民主决策制度。收益分配方案，包括分配项目及其分配比例等，必须经村集体经济组织成员大会或者成员代表会议讨论通过，并张榜公布，充分听取群众意见。

（3）本年收益结算和收益分配制度。必须按村集体经济组织会计制度正确计算全年的收入和支出，搞好承包合同的结算与兑现，清理财产和债权债务，正确处理财产的盘盈盘亏，结清有关账目，准确核算年终收益，保证分配及时兑现。

（4）会计记录和复核制度。设置本年收益和收益分配总账账户、明细账户，以及社员、股东收益分配登记簿，正确核算本年收益的实现和收益分配过程，并经常进行检查核对,保证账账、账证相符。

(二)收益分配内部控制制度的评审方法

(1)了解并描述收益分配内部控制。审计人员在收集、审阅与本年收益形成和收益分配有关的章程、制度、会议记录等资料基础上,结合实地观察、调查询问等方式,了解被审计单位收益分配内部控制的建立和完善程度,并以调查表或文字描述等方式,记入审计工作底稿。

(2)测试收益分配内部控制制度的执行情况。一是通过查阅规章制度、实地观察、询问有关人员等,看其不相容业务是否分离,有关人员职责分工是否明确;二是测试本年收益的决算及会议记录,看其是否符合制度规定,复核其金额是否正确;三是测试收益分配方案的编制与执行,确定收益分配业务是否符合制度规定,是否经授权批准,账务处理是否正确等。

(3)评价收益分配内部控制。经过对收益分配内部控制的符合性测试,审计人员可以对其健全性、有效性和可依赖程度作出客观评价,指出存在问题,提出改进意见,确定实质性测试的范围和方法。

四、收益分配的实质性审计

(1)获取或者编制收益及收益分配表,复核加计数是否正确,并与总账、明细账和报表进行核对。

(2)审查本年收益的核算是否正确。首先应注意审查被审计单位是否按权责发生制正确核算收入和支出,并及时结转本年收益科目,有无余额未结转的情况;其次要注意审查资产盘盈、盘亏、毁损、报废等处理损益是否记入其他收支科目进行结转,有无遗漏。

(3)审查上年度结转本年可分配收益的实有数,看其是否真实。方法是将本年未分配收益科目的年初数与上年未分配收益的年末数进行核对。

(4)审查可分配收益总额中的"其他转入"是否合规、正确。

(5)审查收益分配的合法性、合规性和准确性。审查收益分配方案、分配方式、分配比例是否符合章程、合同、协议、制度及成员(代表)大会决议的规定,收益分配各个项目的提取比例和数额是否正确,是否与分配方案相符,账务处理是否正确。

(6)审查未分配收益账务处理的正确性。查阅有关账表,确定本期实现收益总额和收益分配结转的方向是否正确,核算是否正确。调整收益时有无记入其他账户的情况,未分配收益明细账期末余额与资产负债表上的项目是否一致。

(7)审查本年收益弥补以前年度亏损情况和以前年度损益调整是否真实、合理。

(8)根据审计结果调整本年收益数,直接增加或减少未分配收益,确定调整后的未分配收益数。

（9）确定收益和收益分配及未分配收益在会计报表上的反映是否恰当。审查资产负债表和收益及收益分配表中填列的收益分配各个项目的金额是否正确。

五、收益分配审计常用的工作底稿

收益分配审计常用的工作底稿有：
①收益分配相关内部控制调查表；
②收益分配内部控制符合性测试表；
③本年收益审定表；
④收益分配审定表。

六、收益分配审计案例——工作底稿范例

收入审定表

被审计单位：前锋村		编制人：程××	编制日期：2014年1月16日		索引号：××
内容：收入、公积公益金		复核人：卢××	复核日期：2014年1月18日		页次：××
凭证、账簿报表名称	记账凭证日期	号码	会计科目名称	原记录事实	金额（万元） 借方 贷方	审计说明
---	---	---	---	---	---	---
记账凭证	2013.2.5	0013	发包及上交收入	2012年欠厂租	5	2012年年终没有挂账
记账凭证	2013.9.8	0095	发包及上交收入	本村农户吴水金承包金	15	一次性收3年鱼塘承包金
记账凭证	2013.12.10	0239	公积公益金	利息支出	1.8	2013年利息共2.2万元
记账凭证	2013.8.8	0083	其他收入	收征地款	12	7月15日转让沙田园4亩土地使用权给××公司
审计结论	1. 2月份收到权业陶瓷厂2012年欠厂租5万元，该款项由于2012年底年终核算时无挂账，应将其调整到"收益分配——未分配收益"账户，作为上年收益调整。 2. 9月份一次性收到本村农户吴水金承包村鱼塘3年承包金15万元，不能全部计入当年收入，应将其余两年的承包金10万（15万×2/3）调整为"应付款——应付发包及上交收入"账户。 3. 经审查，该村没有未完工的在建工程，当年银行借款余额300万元，应付银行利息2.2万元，而账上只有在"公积金"的借方反映支付利息1.8万元；利息的支出应计入当年费用，不能在公积金核销，应在其他支出列支。 4. 7月转让4亩土地使用权给某公司，使用期50年，得土地补偿款12万元，不能作其他收入核算，应在"公积公益金"科目反映。					
审计证据	记账凭证复印件4份，原始凭证复印件4份。					

底稿 2

上交利润审定表

被审计单位:权业陶瓷厂	编制人:陈××	编制日期:2014年1月17日	索引号:××
审计内容:上交2013年利润	复核人:卢××	复核日期:2014年1月18日	页次:××

审计说明	经审核承包合同，村下属陶瓷厂应当上交15万元，而当年实际只上交利润14.5万元；村主任审批接待安全、计划生育检查组餐费开支5000元，在陶瓷厂报销。陶瓷厂以此报销单抵减了5000元上交利润数。 前锋村为减少接待费开支，将餐费5000元放到下属陶瓷厂报销，与《村合作经济组织财务制度（试行）》和《村集体经济组织会计制度》的有关规定不符。
审计结论	前锋村将餐费5000元放到下属陶瓷厂报销属违规行为。应将5000元餐费转回村账核算并调整分录： 　　借：管理费用——接待费　　5000 　　　贷：发包及上交收入　　　5000
审计证据	《权业陶瓷厂承包合同》复印件1份，5000元餐费单据复印件6张。
备　　注	

底稿 3

收益及收益分配会议调查记录审定表

被审计单位:××市前锋村	编制人:卢××	编制日期:2014年1月16日	索引号:××
调查内容:收益及收益分配方案	复核人:陈××	复核日期:2014年1月17日	页次:××

审计说明	1. 2015年1月3日上午，召开村委会干部、村民代表、村小组长、村办企业负责人会议。应到会50人，实际到会48人，到会率96%。 2. 会议的主要内容： 　（1）审议前锋村2013年度全年收入和支出； 　（2）审议全年收益及收益分配的方案。其中："公积公益金""应付福利费""外来投资分利"和进行"农户分配"占"可分配收益总额"的比例分别为40%，15%，10%，20%。 3. 通过情况：一致通过所议事项。
审计结论	这次村民代表会议合法有效。
审计证据	1. 收益及收益分配方案会议纪要复印件1份； 2. 参加会议人员名单复印件1份。

收益及收益分配审定表 单位：万元

被审计单位：××市前锋村				编制人：陈××	编制日期：2014年1月17日		索引号：××
审计内容：收益及收益分配表				复核人：卢××	复核日期：2014年1月18日		页次：××
项目	审计前	审定数	差额	项目	审计前	审定数	差额
本年收益							
一、经营收入	35	35		二、经营收益	189	174	-15
加：发包及上交收入	185	170.5	-14.5	加：农业税附加			
投资收益	80	80		返还收入			
减：经营支出	75	75		补助收入	4.3	4.3	
管理费用	36	36.5	0.5	减：其他支出	16.5	18.7	2.2
三、本年收益	194.8	165.6	-29.2	四、本年收益	194.8	165.6	-29.2
五、可分配收益	204.8	180.6	-24.2	加：年初未分配收益	10	15	5
减：1. 提取公积公益金	81.92	72.24	-9.68	其他转入			
2. 提取应付福利费	30.72	27.09	-3.63				
3. 外来投资分利	20.48	18.06	-2.42	六、年末未分配收益	30.72	27.09	
4. 农户分配	40.96	36.12	-4.84				
5. 其他分配							
审计说明	1. 该村提取"公积公益金""应付福利费""外来投资分利"和进行"农户分配"占"可分配收益总额"的比例分别为40%、15%、10%、20%。 2. 经审查核对2013年前锋村会计账簿、报表、凭证、收益及收益分配明细表、收益及收益分配情况公布表，确认：前锋村2013年经营收入35万元，发包及上交收入170.5万元，投资收益80万元，经营支出75万元，管理费用36.5万元，经营收益174万元，补助收入4.3万元，其他收入6万元，其他支出18.7万元，本年收益165.6万元。 3. 前锋村全年可分配收益分配180.6万元（本年收益165.6万元加年初未分配收益分配15万元）。							
审计结论	前锋村2013年度收入为165.6万元，年初未分配收入15万元，可分配收入180.6万元。前锋村应按上表审定数进行收益分配。							
审计证据	收益及收益分配明细表							

第七章 收入审计

第一节 经营性收入

一、经营性收入审计的目标

经营性收入包括经营收入、发包及上交收入、投资收益三个方面。经营性收入审计目标主要包括如下几个方面：

①有关经营性收入的内部控制制度是否健全和有效执行；

②经营性收入记录是否完整，有无重记或漏记现象；

③各项经营性收入的确认是否符合收入实现原则，其计算是否正确，是否全部入账，是否均已取得，有无虚增虚减现象；

④各项经营性收入的退回、折扣与折让是否确实存在，计算是否正确，处理是否恰当，是否符合相关规定；

⑤各项经营性收入的分类处理是否正确；

⑥各项经营性收入的计入和会计期间是否正确与合理，是否存在收入时间前移或推后现象；

⑦各项经营性收入在会计报表中列示是否恰当、准确，披露是否充分等。

二、经营性收入审计的特点

经营性收入审计主要是审计经营收入、发包及上交收入、投资收益。由于农村集体经济组织投资设厂形式多样，经营项目涉及范围较广，发包项目类型不一，因而经营性收入审计的特点除有审计一般特点外，还具有审计范围的广泛性、审计业务的综合性、审计任务的复杂性等特点。

（1）审计范围的广泛性。由于农村集体经济组织的投资经营有相对独立的自主权，各地往往根据本地拥有的资源和环境地理优势经营，开办的企业、投资的项目涉及行业和种类都比较多，如农业企业、工业企业、商业企业、建筑建材、综合经营业务等，经营管理方式也多种多样，既有独资，又有联营、合作、承包经营、集团式经营，等等，而在每个行业中的不同环节，又可细分为不同类型，如农业企业中的生产型、加工型、销售型；工业企业中的原材料型、半成品型、成品型、营销型等，决定了农村集体经济组织经营性收入的审计范围具有广泛性特点。

（2）审计业务的综合性。农村集体经济组织经营性收入的广泛性，决定了审计业务的综合性，如经营收入审计必须与经营支出审计相结合，既牵涉收入广泛性，又涉及成本构成的多样性；如投资收益审计，村集体经济组织是按权益法核算的，还涉及对方企业收入、成本、费用、利润的审计等；如厂房出租、林场出租、门店出租等收入，与相应固定资产或林木资产的计提折旧要结合起来。这些都表明经营性收入审计的综合性。

（3）审计任务的复杂性。农村集体资产为特定的全体村民拥有或实行股份合作的股民所有，因此，在实施审计时必须了解该村集体资产投资经营的决策程序，同时由于经营性收入的审计范围的广泛性，审计业务的综合性，就要求审计人员必须具有较高的业务技术水平、政策水平及较强的综合分析能力，这也决定了审计任务的复杂性。

三、经营性收入内部控制制度评审

（一）经营性收入内部控制制度的一般内容

所谓经营性收入内部控制制度，是指农村集体经济组织为了保证经营性收入的有效组织，同时保护资产的安全、完整，防止、发现、纠正经营性收入的错误与舞弊，保证经营性收入的真实、合法、完整而制定和实施的政策和程序。经营性收入内部控制制度贯彻于农村集体经济组织整个投资、经营活动的各个方面。经营性收入内部控制制度的一般内容有如下几个方面：

①受权投资，经营承包农村集体资产的机构、权限；
②收入实现时的程序手续；
③取得收入时的数额核算；
④投资、经营承包农村集体资产的监督机构、监督权限、监督程序。

（二）经营性收入内部控制制度的评审办法

经营性收入内部控制制度的评审方法分为四个阶段，即审阅制度、问询调查、实地测试、评价。

（1）审阅制度。把与经营性收入相关的各项规章制度收集起来，从中了解其内部控制的情况，根据被审计单位的特点，分别审阅。通过审阅，初步评价建立的内部控制制度是否健全和严密，薄弱环节在何处。

（2）问询调查。问询调查可采用口头询问和问卷调查表两种方式。口头询问主要是审计人员在审阅制度的基础上，结合被审计单位的实际情况和经营性收入内部控制制度的基本原则，有针对性地向个别人员进行询问，如收入实现时发票的填写、款项的入账、会计的账务处理等。问卷调查表就是用表格形式设计"调查问题栏"和"回答问题栏"，在"回答问题栏"填写"是"或"否"，"调查问题栏"主要问题有：某企业的经营是否通过村民代表大会，是否签订书面合同，收入实现时是否由会计开票，收入实现时是否由出纳收款，出纳是否及时将收入款项送存银行等。

（3）实地测试。审计人员通过问询调查后，应采用实地测试的方法来验证经营性收入内部控制制度是否真实执行。实地测试一般采取随机抽样的方法，结合相关会议记录、合同书、会计凭证、账簿等资料进行审查，以确认制度的真实执行情况。

(4) 评价。通过审阅制度、问询调查、实地测试后，审计人员必须实事求是、全面地分析评价经营性收入内部控制制度的完善性、有效性、执行的真实性，对制度中存在的缺点或已经（或可能）导致的差错和弊端、建议纠正的措施等分别在工作底稿中列示。

四、经营性收入的实质性审计

（一）经营收入的实质性审计

经营收入是指村集体经济组织进行生产、服务等经营活动取得的收入，包括农产品销售收入、物资销售收入、租赁收入、服务收入、劳务收入等。其审计方法多采用核对法，除评价内部控制制度外，必须核实的内容主要有：

①收入的确认标准是否恰当；
②收入的计量是否正确；
③会计记录是否准确；
④销售产品（商品）、提供服务、提供劳务等的计价是否准确；
⑤用于计价销售量、提供服务量、提供劳务量是否与相关的记录相符；
⑥审查收款收据与存根是否相一致；
⑦审查收款收据与合同书内容是否相符；
⑧审查收款收据与库存现金日记账、银行存款日记账是否相符；
⑨审查收款收据、应收款明细账、合同书是否一致；
⑩审查收款收据与经营收入明细账记录是否相一致；
⑪审查经营收入明细账与总账是否相符；
⑫审查经营收入总账与会计报表披露是否恰当。

另外，经营收入的审计必须与经营支出审计相结合，以确认两者的收入费用配比性；同时应审查结账日前后经营收入及退回情况，确认有无虚收入的情况。

（二）发包及上交收入的实质性审计

发包及上交收入是指农户和承包单位承包集体耕地、林地、果园、鱼塘等上交的承包金及村（组）办企业上交的利润。发包及上交收入的实质性审计主要内容有：

①发包及上交收入的确认标准是否恰当；
②发包及上交收入的计量是否正确；
③会计记录是否准确；
④发包及上交的计价是否准确；
⑤发包及上交的账务是否与相关的记录相符；
⑥审查收款票据与存根是否相一致；
⑦审查收款票据与合同书内容是否相符；
⑧审查收款票据与库存现金日记账、银行存款日记账是否相符；
⑨审查收款票据、应收款明细账、合同书是否一致；
⑩审查收款票据与经营收入明细账记录是否相一致；
⑪审查发包及上交收入明细账与总账是否相符；

⑫审查发包及上交收入总账与会计报表披露是否恰当。

注意：（1）审计收到款项时要区分是属于往来款项还是属于合同规定的发包及上交收入；（2）审计承包村（组）办企业上交利润时要注意审核该企业固定资产是否已计提折旧，折旧的数额及账务处理是否正确，以确认有无虚增或虚减收益的情况。

（三）投资收益的实质性审计

投资收益是指投资所取得的收益扣除投资发生的损失后的数额。由于投资分成本法和权益法核算，因此，在审计投资收益时应分别对待。成本法核算的投资收益的实质性审计主要内容有：

①投资收益的确认标准是否恰当；
②投资收益的计量是否正确；
③会计记录是否准确；
④投资收益的账务记录是否与相关的记录相符；
⑤审查收款票据与存根是否相一致；
⑥审查收款票据与合同书内容是否相符；
⑦审查收款票据与库存现金日记账、银行存款日记账是否相符；
⑧审查收款票据、应收款明细账、合同书是否一致；
⑨审查收款票据与投资收益明细账记录是否相一致；
⑩审查投资收益明细账与总账是否相符；
⑪审查投资收益收入总账与会计报表披露是否恰当。

权益法核算的投资收益的审计方法则采用审阅法和核对法。其审计的主要内容有：
①审阅投资合同；
②审阅被投资企业章程；
③审阅被投资企业股东会、董事会相关会议记录；
④审阅被投资企业的年度财务会计报告；
⑤审阅被投资企业的年度审计报告；
⑥审查长期投资、投资收益的数额、账务处理是否正确；
⑦投资到期时是否办理相关手续，其投资额、损益是否正确，是否及时收回，是否及时入账。

五、经营性收入审计工作底稿

经营性收入审计常用工作底稿有：
①经营性收入内部控制制度评价表；
②主要经营收入（分项目）审定表；
③发包及上交收入（分项目）审定表；
④投资收益（分项目）审定表。

六、经营性收入审计案例——工作底稿范例

底稿 1

×× 镇 ×× 经联社经营收入（厂房）审查表

被审计单位：×镇××经联社　　　编制人：刘×× 　日期：2013 年 6 月 13 日　　索引号：
报表截止日：2012 年 12 月 31 日　审核人：李×× 　日期：2013 年 6 月 14 日　　页次：1/1

日期	凭证号码	会计凭证 借方科目	原始凭证号码	金额（元）	总账	明细账	合同 编号	合同 内容	合同 金额	收款收据存根 时间	收款收据存根 内容	收款收据存根 金额	收款收据存根 经办人	库存现金日记账 内容	库存现金日记账 金额	银行存款日记账 内容	银行存款日记账 金额	应收款明细账 内容	应收款明细账 金额	备注
5.28	银收3号	银行存款	×××26	107000	√	√	0118						√			√	√			
5.29	现收5号	库存现金	×××27	38000	√	√	0012						√	√	√					
5.30	银收4号	银行存款	×××28	197000	√	√	0013						√			√	√			
6.2	现收1号	库存现金	×××29	48000	√	√	9910						√	√	√					
6.10	银收3号	银行存款	×××30	37000	√	√	9911						√			√	√			
6.15	银收4号	银行存款	×××31	26000	√	√	9912						√			√	√			
8.18	银收2号	银行存款	×××32	285000	√	√	0102						√			√	√			
8.19	现收3号	库存现金	×××33	190000	√	√	0201						√	√	√					
9.15	银收4号	银行存款	×××34	18000	√	√	9807						√			√	√			
9.17	现收5号	库存现金	×××35	15000	√	√	9808						√	√	√					
10.11	银收2号	银行存款	×××39	128000	√	√	0011						√			√	√			
10.21	银收3号	银行存款	×××41	257000	√	√	0010						√			√	√			
11.13	银收2号	银行存款	×××59	476000	√	√	0101						√			√	√			
11.15	银收2号	库存现金	×××63	48000	√	√	0102						√	√	√					
11.18	现收3号	库存现金	×××64	51000	√	√	0014						√	√	√					

（续表）

日期	凭证号码	会计凭证 原始凭证号码	会计凭证 借方科目	会计凭证 金额（元）	总账	明细账	合同 编号	合同 内容	合同 金额	收款收据存根 时间	收款收据存根 内容	收款收据存根 金额	收款收据存根 经办人	库存现金日记账 内容	库存现金日记账 金额	银行存款日记账 内容	银行存款日记账 金额	应收款明细账 内容	应收款明细账 金额	备注
12.10	银收2号	×××72	银行存款	351000	√	√	0019	√	√	√	√	√	√			√	√			
12.15	转字1号	×××74	应收账款	328000	√	√	0202	√	√	√	√	√	√					√	√	
12.15	现收3号	×××75	库存现金	27000	√	√	0203	√	√	√	√	√	√	√	√					
12.16	转字2号	×××77	应收账款	189000	√	√	0104	√	√	√	√	√	√					√	√	
12.17	现收4号	×××86	库存现金	9000	√	√	0015	√	√	√	√	√	√	√	√					
12.20	现收5号	×××89	库存现金	11000	√	√	0105	√	√	√	√	√	√	√	√					
12.25	银收5号	×××91	银行存款	225000	√	√	9913	√	√	√	√	√	√			√	√			
12.26	银收5号	×××93	银行存款	107000	√	√	0108	√	√	√	√	√	√			√	√			
合计				3168000																

审计说明：
1. 通过核查董事会议记录，所有厂房租赁合同均经过有效程序；
2. 本次审查收取的租金均不含以前年度欠收租金；
3. 经营收入总额及收益分配与收益分配表相符；
4. 对表中2户应收款已进行了函证，回函确认无误。

审计结论：
经核对经营收入（厂房租赁收入）明细账与会计凭证、总账、合同、收款收据存根、库存现金日记账、银行存款日记账、应收款明细账均相符。经营收入（厂房租赁收入）可以确认。

审计证据：
1. 应收款明细表1份；
2. 收款收据领用存汇总表（2012年度）复印件1份；
3. 收款收据复印件各1份。
4. 回函原件2份。

××镇××经联社门店出租收入审查表

被审计单位：×镇××经联社
编制人：张××　日期：2013年6月13日
审核人：李××　日期：2013年6月14日
报表截止日：2012年12月31日

索引号：
页次：1/1

日期	凭证号码	会计凭证 借方会计科目	原始凭证号码	金额（元）	总账	明细账	合同 编号	合同 内容	合同 金额	收款收据存根 时间	收款收据存根 内容	收款收据存根 金额	经办人	库存现金日记账 内容	库存现金日记账 金额	银行存款日记账 内容	银行存款日记账 金额	应收款明细账 内容	应收款明细账 金额	备注
7.10	现收1号	库存现金	×××01	42000	√	√	9801	√	√	√	√	√	√	√	√					
7.10	现收1号	库存现金	×××02	42000	√	√	9802	√	√	√	√	√	√	√	√					
7.11	现收1号	库存现金	×××03	42000	√	√	9803	√	√	√	√	√	√	√	√					
7.11	现收1号	库存现金	×××04	42000	√	√	9804	√	√	√	√	√	√	√	√					
7.11	现收1号	库存现金	×××05	42000	√	√	9805	√	√	√	√	√	√	√	√					
7.11	现收1号	库存现金	×××06	42000	√	√	9806	√	√	√	√	√	√	√	√					
7.11	现收1号	库存现金	×××07	42000	√	√	9809	√	√	√	√	√	√	√	√					
7.12	现收1号	库存现金	×××08	42000	√	√	9810	√	√	√	√	√	√	√	√					
7.12	现收1号	库存现金	×××09	42000	√	√	9811	√	√	√	√	√	√	√	√					
9.8	现收1号	库存现金	×××10	60000	√	√	0006	√	√	√	√	√	√	√	√					
9.8	现收1号	库存现金	×××12	60000	√	√	0007	√	√	√	√	√	√	√	√					
9.8	现收1号	库存现金	×××13	60000	√	√	0008	√	√	√	√	√	√	√	√					
9.8	现收1号	库存现金	×××14	60000	√	√	0009	√	√	√	√	√	√	√	√					
9.10	现收1号	库存现金	×××15	60000	√	√	0016	√	√	√	√	√	√	√	√					

底稿2

（续表）

日期	凭证号码	会计凭证					合同			收款收据存根				库存现金日记账		银行存款日记账		应收款明细账		备注
		原始凭证号码	借方会计科目	金额（元）	总账	明细账	编号	内容	金额	时间	内容	金额	经办人	内容	金额	内容	金额	内容	金额	
9.10	现收1号	××16	库存现金	60000	√	√	0017	√	√	√	√	√	√	√	√					
9.12	现收1号	××17	库存现金	60000	√	√	0018	√	√	√	√	√	√	√	√					
9.13	现收1号	××18	库存现金	60000	√	√	0020	√	√	√	√	√	√	√	√					
10.15	现收2号	××19	库存现金	36000	√	√	9901	√	√	√	√	√	√	√	√					
10.15	现收2号	××20	库存现金	36000	√	√	9902	√	√	√	√	√	√	√	√					
10.16	现收2号	××21	库存现金	36000	√	√	9903	√	√	√	√	√	√	√	√					
10.16	现收2号	××22	库存现金	36000	√	√	9904	√	√	√	√	√	√	√	√					
10.16	现收3号	××23	库存现金	24000	√	√	9905	√	√	√	√	√	√	√	√					
11.13	现收3号	××25	库存现金	24000	√	√	0001	√	√	√	√	√	√	√	√					
11.13	现收3号	××51	库存现金	24000	√	√	0002	√	√	√	√	√	√	√	√					
11.13	现收3号	××52	库存现金	24000	√	√	0003	√	√	√	√	√	√	√	√					
11.13	现收3号	××53	库存现金	24000	√	√	0004	√	√	√	√	√	√	√	√					
							0005	√	24000	2002.11.13	√	24000	张××	√						
12.15	现收3号	××57	库存现金	24000	√	√	0103	√	√	√	√	√	√	√	√					
							0104	√	24000	2002.12.15	√	24000	张××	√						
							0106	√	24000	2002.12.15	√	24000	张××	√						
12.15	现收3号	××63	库存现金	24000	√	√	0107	√	√	√	√	√	√	√	√					
合计				1218000					72000			72000								

（续表）

审计说明： 1. 已入账门店发包收入与总账、会计凭证、合同、收款收据存根、现金日记账相符。 2. 根据合同编号为0005、0104、0106租金收入未在会计凭证、总账明细账、库存现金日记账中发现。审计组查询了三位门店承租人，进行了调查记录，是钟××未将租金交经联社所致。	审计结论： 1. 门店出租收入应为129000元，少记72000元，须补记： 借：应收款——钟×× 72000 贷：未分配收益 72000 2. 钟××应于2013年6月30日前交还已收而未交的门店出租租金72000元。建议追究当事人钟××挪用公款行为。	审计证据： 1. 编号0005、0104、0106合同书复印件各1份。 2. 编号为××54、××58、××59的收款收据存根复印件各1份。 3. 编号为××54、××58、××59的收款收据第二联（交款人）复印件各1份。 4. 发包及上交收入——门店发包收入明细表复印件1份。 5. 调查记录4份。

第七章 收入审计

底稿 3

××镇××经联社山地发包收入审查表

被审计单位：×镇××经联社　　　　编制人：张××　　　日期：2013年6月14日　　索引号：
报表截止日：2012年12月31日　　　　审核人：李××　　　日期：2013年6月14日　　页次：1/1

日期	会计凭证			借方会计科目	金额(万元)	总账	明细账	合同				收款收据存根				库存现金日记账		银行存款日记账		应收款明细账		备注
	凭证号码	原始凭证号码						编号	内容	金额	时间	编号	内容	金额	经办人	内容	金额	内容	金额	内容	金额	
6.12	现收4号	×××101		库存现金	1.5	√	√	9301	√	√	√		√	√	√	√	√					
6.12	现收4号	×××102		库存现金	1.5	√	√	9302	√	√	√		√	√	√	√	√					
6.12	现收4号	×××103		库存现金	1.5	√	√	9303	√	√	√		√	√	√	√	√					
6.12	现收4号	×××104		库存现金	1.5	√	√	9304	√	√	√		√	√	√	√	√					
6.13	现收4号	×××105		库存现金	1.5	√	√	9305	√	√	√		√	√	√	√	√					
6.13	现收4号	×××106		库存现金	1.5	√	√	9306	√	√	√		√	√	√	√	√					
6.13	现收4号	×××107		库存现金	1.5	√	√	9307	√	√	√		√	√	√	√	√					
8.4	现收1号	×××150		库存现金	2.5	√	√	9338	√	√	√		√	√	√	√	√					
8.5	现收1号	×××151		库存现金	2.5	√	√	9339	√	√	√		√	√	√	√	√					
8.5	现收1号	×××152		库存现金	2.5	√	√	9340	√	√	√		√	√	√	√	√					
8.5	现收1号	×××153		库存现金	2.5	√	√	9341	√	√	√		√	√	√	√	√					
8.6	现收1号	×××154		库存现金	2.5	√	√	9342	√	√	√		√	√	√	√	√					
8.6	现收1号	×××155		库存现金	2.5	√	√	9343	√	√	√		√	√	√	√	√					

（续表）

日期	会计凭证			总账	明细账	合同			收款收据存根				库存现金日记账		银行存款日记账		应收款明细账		备注
	凭证号码	借方会计科目	原始凭证号码	金额（万元）			编号	内容	金额	时间	内容	金额	经办人	内容	金额	内容	金额	内容	金额
8.6	现收1号	库存现金	××156	0.4	√	√	9401	√	√	√	√	√	√	√	√				
8.7	现收1号	库存现金	××157	0.4	√	√	9402	√	√	√	√	√	√	√	√				
8.8	现收1号	库存现金	××158	0.4	√	√	9403	√	√	√	√	√	√	√	√				
8.9	现收1号	库存现金	××160	0.4	√	√	9404	√	√	√	√	√	√	√	√				
合计				178.8					178.8		178.8				178.8				

审计说明：
经过核对后，合同编号为9405、9406、9407、9408在所有记录中均未发现，需进一步进行审计核实。经过向村干部调查、承包方因家庭成本好欠交、并转让给其他承包者。经过与现承包户交谈并调查记录，做了调查记录，证明情况属实。

审计结论：
山地发包收入少计16000元。应调整上年未分配收益。
借：①应收款——一张×× 4000元，②应收款——一张××4000元，③应收款——一张××4000元，④应收款——一张××4000元
贷：未分配收益 16000元
××村村委会必须于2013年8月31日前追收或处理，并与现承包户签订合同，收取一年租金为押金。

审计证据：
1. 合同编号为9405、9406、9407、9408复印件各1份。
2. 现承包户调查记录4份；
3. 发包及上交收入——山地发包收入明细表1份。

第七章 收入审计

底稿 4

× × × 经联社鱼塘发包收入审查表

被审计单位：×镇××经联社 编制人：张×× 日期：2013年6月15日 索引号：
报表截止日：2012年12月31日 审核人：李×× 日期：2013年6月16日 页次：1/1

日期	凭证号码	会计凭证 借方科目	原始凭证号码	金额（元）	总账	明细账	合同 编号	合同 内容	合同 金额	收款收据存根 时间	收款收据存根 内容	收款收据存根 金额	收款收据存根 经办人	库存现金日记账 内容	库存现金日记账 金额	银行存款日记账 内容	银行存款日记账 金额	应收款明细账 内容	应收款明细账 金额	备注
1.10	现收3号	库存现金	×××201	15000	√	√	9701	√	√	√	√	√	√	√	√					
1.10	现收3号	库存现金	×××202	11000	√	√	9702	√	√	√	√	√	√	√	√					
1.11	现收4号	库存现金	×××203	13800	√	√	9703	√	√	√	√	√	√	√	√					
1.11	现收4号	库存现金	×××204	10800	√	√	9704	√	√	√	√	√	√	√	√					
1.12	现收4号	库存现金	×××205	10100	√	√	9706	√	√	√	√	√	√	√	√					
1.13	现收4号	库存现金	×××206	15100	√	√	9707	√	√	√	√	√	√	√	√					
1.14	现收4号	库存现金	×××207	16110	√	√	9709	√	√	√	√	√	√	√	√					
1.14	现收4号	库存现金	×××209	7600	√	√	9601	√	√	√	√	√	√	√	√					
1.14	现收4号	库存现金	×××210	7500	√	√	9602	√	√	√	√	√	√	√	√					
1.4	现收4号	库存现金	×××212	7550	√	√	9603	√	√	√	√	√	√	√	√					
1.14	现收4号	库存现金	×××213	7900	√	√	9604	√	√	√	√	√	√	√	√					
1.14	现收4号	库存现金	×××214	12000	√	√	9607	√	√	√	√	√	√	√	√					
3.5	现收1号	库存现金	×××215	11000		√	9609	√	√	√	√	√	√	√	√					
合计				145460																

（续表）

审计说明：	经核对后，审计组发现合同编号为 9605、9606、9608、9708 共 4 份鱼塘承包合同均未发现相关会计记录，合同金额分别为 12 000 元、11 000 元、8 250 元、11 300 元。需进一步调查核实。经了解，因今年水灾这 4 户鱼塘承包者损失严重，承包款欠交。
审计结论：	鱼塘发包收入少计 42 550 元，应调整上年未分配收益 42 550 元。 借：①应收款——李×× 12 000 元，②应收款——李×× 11 000 元，③应收款——李××× 8 250 元，④应收款——李×× 11 300 元；贷：未分配收益 42 550 元。 同时建议此 4 笔发包收入须在 7 月 31 日前追缴或处理。
审计证据：	1. 合同编号为 9605、9606、9608、9708 复印件各 1 份； 2. 发包及上交收入——鱼塘发包收入明细表 1 份。

第二节 非经营性收入审计

一、非经营性收入审计目标

非经营性收入包括补助收入和其他收入。其主要审计目标是：
①非经营性收入的内部控制制度是否健全和有效执行；
②非经营性收入记录是否完整，有无重记或漏记现象；
③非经营性收入是否真实，有无虚增、虚减现象；
④非经营性收入的分类处理是否正确；
⑤非经营性收入的记账金额是否正确；
⑥会计期间是否恰当；
⑦非经营性收入在会计报表中填列是否恰当、披露是否充分等。

二、非经营性收入审计的特点

由于农业税及附加的取消，为保障村级组织的正常运转，非经营性收入中的补助收入来源渠道广泛，既包括财政等各有关部门，又包括省、市、县、镇等各部门的补贴，因此，非经营性收入审计具有广泛性特点。另外，随着村级集体经济的不断发展壮大，集体资产类型越来越多，数额也越来越大，如果管理不到位，会经常出现固定资产盘盈、盘亏和产品物资的盘盈、盘亏、溢价等情况，必然会出现盘盈固定资产，产品物资不入账或少入账的情况，而且审计时不易发现，因此，非经营性收入审计又有隐蔽性的特点。

三、非经营性收入内部控制制度评审

（一）非经营性收入内部控制制度的一般内容

非经营性收入内部控制制度，是指农村集体经济组织为了保证非经营性收入的有效组织，同时保护资产的安全、完整，防止、发现、纠正非经营性收入的错误与舞弊，保证经营性收入的真实、合法、完整而制定和实施的政策和程序。非经营性收入内部控制制度贯穿于农村集体经济组织整个管理过程。非经营性收入内部控制制度的一般内容有如下几个方面：
①受权管理非经营性收入的机构、权限；
②非经营性收入实现时的程序手续；
③取得非经营性收入时的数额核算；
④非经营性收入的监督机构、监督权限、监督程序。

（二）非经营性收入内部控制制度的评审办法

（1）审阅制度。把与非经营性收入相关的内部控制制度收集起来，特别应注

意收集固定资产管理、盘点、产品物资管理盘点、出纳制度等,认真审阅,以确认这些内部控制制度的可行性和存在的缺点、漏洞。

(2) 问询调查。非经营性收入的问询调查一般采用询问调查表的方式,调查对象除相关人员外,须向镇、县级财政等有关部门进行调查,以初步确认其内部控制制度的有效性。

(3) 实地测试。实地测试一般与抽查会计凭证、现场观察相结合,同时采用函证的审计方法,通过分析复函判断该内部控制制度的有效执行情况。

(4) 评价。通过上述方法后,审计人员必须实事求是地全面地分析评价非经营性内部控制制度的完善性、有效性和执行的真实性,对制度中存在的缺点已经(或可能)导致的错误、弊端和建议纠正的措施等分别在工作底稿中列示。

四、非经营性收入的实质性审计

(一) 补助收入的实质性审计

补助收入的审计主要采用核对法和函证法,应核对的主要内容有:

①补助收入的确认是否正确;

②补助收入的数额是否准确;

③补助收入的记账金额是否恰当;

④收款票据与存根的数额、项目、部门是否一致;

⑤收款票据与库存现金日记账、银行存款日记账的记录是否相符;

⑥收款票据与补助收入明细账记录是否相符;

⑦补助收入明细账与总账科目"补助收入"记录是否相符;

⑧在会计报表中披露是否真实、恰当;

⑨账务处理是否正确。

另外,由于补助收入来自各级各部门,因此,要查看有关文件,或采用函证法函证镇、县两级财政等有关部门,并积极取得回函,通过对复函的分析,逐笔核对补助收入,从中确定补助收入是否全额入账。

(二) 其他收入的实质性审计

其他收入的实质性审计主要采用核对法、审阅法和盘存法。其核对的内容有:

①其他收入的确认是否正确;

②其他收入的数额是否准确;

③其他收入的记账金额是否恰当;

④收款票据与存根的数额、项目、部门是否一致;

⑤收款票据与库存现金日记账、银行存款日记账的记录是否相符;

⑥收款票据与补助收入明细账记录是否相符;

⑦其他收入明细账与总账科目"其他收入"记录是否相符;

⑧在会计报表中披露是否真实、恰当;

⑨账务处理是否正确。

采用审阅法主要是审阅固定资产盘点表、产品物资盘点表，盘点金额是否与账务记录一致，不一致时，有无进行必要的处理程序并进行账务处理，其处理方法是否正确、恰当。采用盘存法，就是现场盘点固定资产、产品物资，确认是否账实相符。

五、非经营性收入审计工作底稿

非经营性收入审计常用工作底稿有：
①非经营性收入内部控制制度评审表；
②补助收入审定表；
③其他收入（分项目）审定表。

第八章　成本费用审计

第一节　生产成本审计

一、生产成本审计的目标

村集体经济组织的生产成本是指生产农产品、工业产品和对外提供劳务发生的各种耗费，既包括生产产品和提供劳务而发生的直接费用，也包括为生产产品和提供劳务而发生的间接费用。生产成本的核算是比较复杂的会计核算，生产成本审计的主要目标是：

①有关生产成本的内部控制制度是否健全和一贯遵循；

②所发生的生产费用是否真实，有无虚增或虚减现象；

③生产成本的核算是否正确，主要包括有无正确划分收益性支出和资本性支出的界限、产品生产成本与期间费用、本期产品与下期产品之间费用界限、各种产品之间的费用界限、本期产品与下期产品之间费用界限、本期完工产品与期末在产品之间的费用界限；

④成本核算方法、费用分配方法是否适当，且前后期是否一致；

⑤生产成本的会计处理是否正确。

二、生产成本审计的特点

由于产品的生产几乎涵盖了企业的生产计划部门、仓库、生产部门、人事部门、会计部门等，其生产流程包括计划和安排生产、发出原材料、生产产品、核算生产成本、核算在产品等环节，因此，生产成本的审计具有牵涉面广的特点。同时，由于涉及部门多，其各部门内部控制制度多，核算繁杂，因此生产成本的审计又有工作量大的特点。另外，由于村集体经济组织不断发展壮大，其生产类型涉及各行各业，而各行业的生产过程有所不同，这就对审计人员的技术要求更高，因此，生产成本的审计又有技术要求高的特点。

三、生产成本内部控制制度评审

（一）生产成本内部控制制度的一般内容

生产成本内部控制制度包括授权生产、实际生产记录、成本核算、产成品入库四个环节的内部控制制度。

（1）授权生产。生产业务是根据管理当局一般或特定的授权进行的，其内部控制制度主要包括生产指令的授权批准，领料单的授权批准，工资的授权批准。

（2）实际生产记录。在产品的实际生产过程中必须确保生产的记录是真实而非虚构的，所有耗费和以物代劳均已反映在成本中，因此，其内部控制制度包括事先编号、手续齐全、内容完整真实的生产通知单，领发料凭证、产量、工时记录、人工费用分配、材料费用分配、制造费用分配等方面的规定。

（3）成本核算。会计人员必须采用事先确定的、符合生产特点的成本核算办法，根据前述各种费用分配原则，制定分配表，在正确有效的、恰当的会计期间，用适当的账户及时记录，并确保前后期采用的核算方法、费用分配方法一致。

（4）产成品入库。产品生产完工后，必须验收入库，涉及库存物资的审计。此环节须明确的内部控制制度是：存货保管人员与记录保管人员职务必须相分离。

（二）生产成本内部控制制度的评审方法

（1）了解内部控制制度。审计人员可以通过查阅相关的内部控制文件，结合生产流程特点，初步评价内部控制制度的严密性、可操作性和有效性，对制度中可能存在的薄弱环节记录下来，以便在实际测试中加以证实。

（2）问询调查。审计人员可通过与各有关部门的相关人员充分沟通，初步了解各有关部门内部控制制度的有效执行情况，审查是否有人为的违反内部控制制度执行及制度中的薄弱环节存在。

（3）实地测试。生产环节各部门的内部控制制度实地测试除抽查部分会计凭证外，审计人员应当用谨慎原则对整个生产流程进行实际观察、了解情况，从中证实会计凭证记录的可靠性。

（4）评价。审计人员对生产过程各部门、各环节的内部控制制度通过审阅、问询调查、实地测试后，应当实事求是、全面地对各内部控制制度进行评价，最后把总体结论和制度中存在的缺点、已经（或可能）导致的错误、舞弊及建议纠正的措施分别记录于工作底稿中。

四、生产成本的实质性审计

生产成本的实质性审计包括直接材料成本的审计、直接人工成本的审计、制造费用的审计。

（一）直接材料成本的审计

直接材料成本的审计一般应从审阅材料和生产成本明细账入手，抽查有关的费用凭证，验收产品直接耗用材料的数量、计价和材料费用分配是否真实、合理。其主要内容包括：

（1）审查产品成本计算单，检验直接材料成本的计算是否正确，材料费用的分配标准与计算方法是否合理和适当，是否与材料费用分配汇总表中该产品分摊的材料费用相符。

(2) 审查直接材料耗用数量的真实性，检查有无将非生产用材料计入直接材料费用。

(3) 分析比较同一产品前后各年度的直接材料成本，如有重大波动，应查明原因，确定事实真相。

(二) 直接人工成本的审计

直接人工成本的审计涉及人事管理部门制定的人工标准，其应审计的内容主要包括：

(1) 审查产品成本计算单，检查直接人工成本的计算是否正确，人工费用的分配标准与计算是否合理和适当，是否与人工费用分配汇总表中该产品分摊的直接人工费用相符。

(2) 将本年度单位产品直接人工成本与前期进行比较，如果波动异常应查明其异常波动的原因。

(3) 分析比较本年度各个月份的人工费用发生额，如有异常波动，应查明原因。

(4) 结合应付工资审查，审查人工费用合计记录及会计处理是否正确。

(5) 对采用标准成本法的企业，应审查直接人工成本差异的计算、分配与会计处理是否正确，并查明直接人工的标准成本在本年度内有无重大变更。如有重大变更，对产品成本的影响是否在财务报告中适当披露。

(三) 制造费用的审计

制造费用是工厂、企业为生产产品或提供劳务而发生的间接费用，即生产单位为组织和管理生产而发生的费用，包括分厂和车间管理人员的工资、提取的职工福利费、折旧费、修理费、办公费、水电费、取暖费、机构料消耗、低值易耗品摊销、劳动保护费、保险费、设计图纸费、实验检验费、季节性和修理期间的停工损失以及其他制造费用。

制造费用审计的基本要点如下：

(1) 获取或编制制造费用汇总表，并与明细账、总账核对，确认是否相符。审查制造费用中重大数额项目及其他项目是否合理。

(2) 审阅制造费用明细账，检查其核算内容及范围是否正确，并应注意是否存在异常会计事项，如有，则应审查至记账凭证及原始凭证，重点查明生产单位有无将不应列入成本费用的支出（如投资支出、被没收的财物、支付的罚款、违约金、技术改造支出等）计入制造费用。

(3) 必要时，对制造费用实施截止测试，即检查资产负债表日前后若干天的制造费用明细账及其凭证，确定有无跨期入账情况。

(4) 审查制造费用的分配是否合理。重点审查制造费用的分配方法是否符合生产单位自身的生产技术条件和工艺流程，是否体现受益原则；分配方法一经确定，是否在相当时期内保持稳定，有无随意变更的情况；分配率和分配额的计算是否正确,有无人为估计数代替分配数的情况。对按预定分配率分配费用的生产单位,还应查明计划与实际差异是否及时正确进行了调整。

(5) 对于采用标准成本法的生产单位,应审查标准制造费用的确定是否合理,计入成本核算单的数额是否正确,制造费用的计算与会计处理是否正确,并查明标准制造费用本年度内有无重大变动。

五、生产成本审计工作底稿

生产成本审计常用工作底稿有:
①生产成本内部控制制度评价表;
②直接材料审定表;
③直接人工审定表;
④制造费用审定表;
⑤产品生产成本审定表等。

第二节 费用审计

一、费用审计目标

农村集体经济组织或村民委员会的费用支出主要包括经营支出、管理费用、其他支出三个方面。费用审计的主要目标是:
①审查费用支出的内部控制制度是否健全和有效执行;
②费用记录是否完整,有无重记或漏记现象;
③费用支出的确认是否符合权责发生制原则、谨慎原则和配比原则,有关费用的计算、归集是否合理,会计期间是否正确,费用支出有无虚增、虚减现象;
④费用支出是否符合村规民约或财务管理制度的规定;
⑤费用支出的程序是否符合相关制度的规定;
⑥费用的分类处理是否合理;
⑦费用支出在会计报表中是否恰当,披露是否充分等。

二、费用审计的特点

由于村集体经济组织和村民委员会既有经济管理事务,又具有行政管理事务,费用审计具有范围广的特点;农村企业涉及各行各业,具有审计风险高的特点;同时,根据《村民委员会组织法》的相关规定,村民代表大会可以制订乡规民约,而各村民委员会的乡规民约又不尽相同,因此,费用的审计具有审计标准实用性强的特点。

三、费用内部控制制度评审

(一) 费用内部控制制度的一般内容

费用支出的内部控制与其他内部控制制度不同的是,费用支出内部控制制度应通过一定的民主程序讨论通过后才能生效。其主要内容包括:

(1) 库存物资的销售授权、销售程序、销售经办等,对应摊销的费用制度形式进行约束。

(2) 日常管理的支出控制应包括现金收付授权、现金收付程序、现金收付审批、现金支出额度管理等;同时包括村集体经济组织管理人员工资、村干部报酬、奖金、招待费、会议费等;办公费、差旅费、修理费的大额支出须通过一定的程序授权等。

(3) 其他支出内部控制制度的应收款及损失须经一定的程序授权方可冲销。对大额资产盘亏损失,固定资产清理等应有明确的内部控制制度。

(二) 费用内部控制制度的评价

(1) 审阅制度。将收集的费用内部控制制度认真审阅,从而了解其内部控制的严密性。根据被审计单位批准执行的内部控制制度结合被审计单位的实际情况,分别审阅。通过审阅,初步评价其建立的内部控制制度是否健全和严密,薄弱环节在何处。

(2) 问询调查。主要通过口头询问,了解费用支出的有效执行情况。如差旅费支出,是否根据实际车费和天数按标准给予报销,招待费、会议费如何开支,管理人员报酬如何确定和支付等。

(3) 实地测试。审计人员通过问询调查后,应采用实地测试的方法来验证费用支出的各项内部控制制度的执行情况。一般情况应分别抽查相关凭证验证经营支出、管理费用、其他支出等是否按内部控制制度执行。

(4) 评价。通过上述工作后,审计人员必须实事求是、全面地分析评价有关费用支出的内部控制制度是否健全,是否严密,是否有效执行;同时,对制度中存在的薄弱环节、已经(或可能)导致的错误和舞弊、建议纠正的措施均记录于内部控制制度评价工作底稿中。

四、费用的实质性审计

(一) 经营支出的实质性审计

经营支出是指村集体经济组织因销售商品、农产品、对外提供劳务等活动而发生的实际支出。经营支出的实质性审计必须与经营性收入相配比,主要包括以下内容。

1. 已销农产品审查

由于农产品生产周期较长,收获期比较集中,各项费用和用工发生不均匀,农产品成本通常按产品生产周期计算。因此，已销农产品的审查项目主要有：

（1）直接材料成本审查。

①审查产品成本计算单，检验直接材料成本的计算是否正确，材料费用的分配标准与计算方法是否合理和适当，是否与材料费用分配汇总表中该产品分摊的材料费用相符；

②审查直接材料耗用数量的真实性，检查有无将非生产用材料计入直接材料费用；

③分析比较同一产品前后各年度的直接材料成本，如有重大波动，应查明原因，确定事实真相。

（2）直接人工成本审查。

①审查产品成本计算单，检查直接人工成本的计算是否正确，人工费用的分配标准与计算是否合理和适当，是否与人工费用分配汇总表中该产品分摊的直接人工费用相符；

②将本年度单位产品直接人工成本与前期进行比较，如果波动异常，应查明其异常波动的原因；

③分析比较本年度各个月份的人工费用发生额，如有异常波动，应查明原因；

④结合应付工资审查，查明人工费用合计记录及会计处理是否正确；

⑤对采用标准成本法的企业，应审查直接人工成本差异的计算、分配与会计处理是否正确，并查明直接人工的标准成本在本年度内有无重大变更。如有重大变更，对产品成本的影响是否在财务报告中适当披露。

（3）其他直接费用审查，主要审查是否与已销农产品的生产有关。

（4）间接费用审查。

①获取或编制间接费用汇总表，并与明细账、总账分别核对，确认是否相符。审查间接费用中重大数额项目及其他项目是否合理。

②审阅间接费用明细账，检查其核算内容及范围是否正确，并应注意是否存在异常会计事项，如有异常，则应审查至记账凭证及原始凭证，重点查明生产单位有无将不应列入成本费用的支出（如投资支出、被没收的财物、支付的罚款、违约金、技术改造支出等）计入间接费用。

③必要时，对间接费用实施截止测试，即检查资产负债表日前后若干天的制造明细账及其凭证，确定有无跨期入账情况。

④审查间接费用的分配是否合理。重点审查间接费用的分配方法是否符合生产单位自身的生产技术条件和工艺流程，是否体现受益原则；分配方法一经确定，是否在相当时期内保持稳定，有无随意变更的情况；分配率和分配额的计算是否正确，有无人为估计数代替分配数的情况。对按预定分配率分配费用的生产单位，还应查明计划与实际差异是否及时正确进行了调整。

⑤对于采用标准成本法的生产单位，应审查标准间接费用的确定是否合理，计

入成本计算单的数额是否正确，间接费用的计算与会计处理是否正确，并查明标准间接费用在本年度内有无重大变动。

（5）农产品成本的结转是否正确，并与销售票据、库存物资明细账核对是否相符。其中林木产品成本、产役畜成本必须审查摊销数额是否正确，有无虚增虚减情况，所选用的摊销方法前后期是否一致等。

（6）经济林木投资后的管理费用，产役畜的饲养费是否真实、完整，有无与日常行政管理费用合并，是否存在虚增虚减情况。

（7）会计处理是否正确。

（8）在会计报表中的填列是否恰当，披露是否充分。

2. 已销物资成本审查

已销物资成本审查主要内容包括：

①已销物资成本计入方法是否正确；

②已销物资成本计入数额是否准确；

③已销物资成本计价方法是否前后期一致；

④结转成本数量是否与物资明细账一致；

⑤会计处理是否恰当；

⑥在会计报表中的填列是否恰当，披露是否充分。

3. 租赁成本审查

租赁成本审查主要内容包括：

①租赁资产的折旧方法选用是否恰当，所选用折旧方法是否前后期一致；

②租赁资产的折旧数额是否正确；

③租赁资产的维修费、保险费等的分类、计算是否正确，有无将公益性固定资产、管理用固定资产的维护费、保险费相混淆；

④会计处理是否恰当；

⑤在会计报表中的填列是否恰当，披露是否充分。

4. 服务劳务成本审查

服务劳务成本审查主要内容包括：

①所结转的服务劳务成本项目与服务劳务成本项目是否一致；

②培训费的计算、分摊是否准确；

③工资福利费的分摊计算方法是否恰当，数额是否准确，与工资发放计算是否一致；

④差旅费的计算是否准确；

⑤保险费的计算分摊方法是否恰当，计算分摊数额是否准确；

⑥会计处理是否恰当；

⑦在会计报表中的填列是否恰当，披露是否充分。

（二）管理费用的实质性审计

管理费用包括村集体经济组织人员的工资、办公费、会议费、差旅费、管理用固定资产折旧费和维修费等。管理费用的实质性审计包括以下内容：

（1）干部报酬审查。

①审查村集体经济组织人员工资标准是否经过村组织成员代表大会讨论通过；

②审查村集体经济组织人员工资的发放是否符合其讨论通过的报酬标准；

③审查有无虚列管理人员人数，工资单签章是否齐全、有效；

④管理人员工资是否混入生产人员工资；

⑤会计处理是否恰当；

⑥在会计报表中的填列是否恰当，披露是否充分。

（2）办公费审查。

①办公用品购买、使用是否真实、合理；

②水电费支出是否真实，有无将管理用水、用电费用计入生产用水、用电成本；

③办公费中有无将计划生育费、水利费、优抚支出、教育支出等列入其中；

④审查会议费支出与会议记录是否相符，参会人员是否签章，有无将招待费用列支其中；

⑤小车费用是否正确、合理，入账数额是否准确；

⑥会计处理是否恰当；

⑦在收支明细表中填列是否准确，披露是否充分。

（3）差旅费审查。

①出差人员是否为村民委员会或村集体经济组织管理人员；

②出差事务是否与管理本村民委员会或村集体经济组织事务相关；

③差旅费报销有无合法凭证；

④出差补助是否符合相关规定；

⑤签章是否真实完整；

⑥会计处理方法是否恰当；

⑦在收支明细表中，填列是否准确，披露是否充分。

（4）修理费审查。

①维修支出是否真实；

②有无将其他固定资产维修支出计入管理用固定资产维修费；

③会计处理是否恰当；

④在收支明细表中填列是否准确，披露是否充分。

（5）折旧费审查。

①审查管理用固定资产折旧提取是否正确，折旧方法的选用是否恰当，折旧方法其前后期是否一致；

②审查折旧提取的时间计算是否正确；

③审查有无将生产经营用固定资产折旧计入管理用固定资产折旧的情况；

④审查计提折旧的固定资产是否完整,有无已完工验收或已交付使用固定资产挂账"在建工程"而少提折旧情况;

⑤有无将公益性固定资产折旧计入其中;

⑥会计处理方法是否恰当;

⑦在收支明细表中,填列是否准确,披露是否充分。

(三) 其他支出的实质性审计

其他支出包括公益性固定资产折旧费、利息支出,农业资产的死亡损毁支出、固定资产及库存物资盘亏、损失、防汛抢险支出,无法收回的应收款项损失,罚款支出等。其他支出的实质性审计主要有如下内容:

(1) 公益性固定资产折旧费审查。

①审查公益性固定资产折旧提取是否正确,折旧方法的选用是否恰当,折旧方法其前后期是否一致;

②审查折旧提取的时间计算是否正确;

③审查有无将生产经营用、管理用固定资产折旧计入公益性固定资产折旧的情况;

④审查计提折旧的固定资产是否完整,有无已完工验收或已交付使用固定资产挂账"在建工程"而少提折旧情况;

⑤会计处理方法是否恰当;

⑥在收支明细表中,填列是否准确,披露是否充分。

(2) 利息支出审查。

①函证所有利息支出的借款数额、期限、利率;

②与短期借款明细账、长期借款及应付款明细账核对;

③根据复函审查利息计算是否准确,利息支出是否完整,有无虚增或隐瞒利息支出情况;

④审查借款是否符合国家有关规定;

⑤利率是否恰当;

⑥会计处理方法是否恰当;

⑦在收支明细表中,填列是否准确,披露是否充分。

(3) 农业资产死亡损毁审查。

①签章是否完整;

②有无残值;

③是否入账;

④有无责任人;

⑤责任人是否承担经济责任;

⑥有无投保;

⑦保险赔偿有无足额入账;

⑧会计处理方法是否恰当；
⑨在收支明细表中，填列是否准确，披露是否充分。
（4）固定资产及库存物资盘亏审查。
①审查固定资产及库存物资盘点表，判断盘点方法是否正确，签章是否完整；
②盘亏处理程序是否符合有关制度规定；
③损毁、遗失固定资产、库存物资有无残值，残值是否入账；
④有无责任人；
⑤责任人是否承担经济责任；
⑥有无投保；
⑦保险赔偿有无足额入账等；
⑧会计处理方法是否恰当；
⑨在收支明细表中，填列是否准确，披露是否充分。
（5）审查防汛抢险支出是否真实。
（6）无法收回的应收款项损失审查。
①审查无法收回的应收款项损失是否真实；
②有无经过授权批准核销；
③与应收款、内部往来明细账核对是否相符；
④会计处理方法是否恰当；
⑤在收支明细表中，填列是否准确，披露是否充分。
（7）罚款支出审查。
①审查罚款支出的真实性；
②应查明是否有应管理人员或其他人员承担的罚款支出列入其中；
③会计处理方法是否恰当；
④在收支明细表中，填列是否准确，披露是否充分。

五、费用审计工作底稿

费用审计常用的工作底稿有：
①费用内部控制制度评价表；
②经营支出审定表；
③管理费用审定表；
④其他支出审定表。

六、费用审计案例——工作底稿范例

> 底稿 1

"管理费用——办公费(机动车费)"审定表

被审计单位：水潭经联社　　编制人：马志锋　　日期：2015.2.7　　索引号：
期间：2013.12—2014.12　　复核人：李挺　　日期：2015.2.7　　页次：

加油日期	加油站	加油数量（升）	加油金额（元）	发票编号	经手人	入账凭证	属于多报
2013.12.25	湖口中油	41.25	165	45613865	张明	2003.126号	
⋮							
2014.3.2	湖口中油	45	180	45325435	张明	2004.37号	
2014.3.10	湖口中油	37.5	150	45925147	张明	2004.37号	√
2014.3.11	湖口中油	43	172	45329513	张明	2004.37号	
2014.3.12	湖口中油	37.5	150	45326982	张明	2004.37号	√
⋮							
合计		4533.25	18133				

审计说明：

1. 水潭经联社2013年12月购买了一辆汽车，至2014年底，共行驶21056公里，加油均由村委张明经手，共报销了4533.25升，平均每百公里耗油21.5升。张明承认，自2014年1月起，他每月在其儿子处取两张加油发票回村委会报销，每张发票的金额均为150元，至2014年底，以34张发票多报销了5100元。

2. 查阅机动车费其他项目，未发现问题。

审计结论：

自2014年1月至2014年底，张明多报销汽油费5100元，与《水潭经联社财务管理制度》第七条第五款不符。张明应立即将多报款项退回水潭经联社。同时责令该社调整会计分录（其中3600元为往年累计发生数，1500元为2014年累计发生数）：

借：内部往来——张明　　　5100
　贷：管理费用——办公费　　　5100

附审计证据：张明用于多报销汽油费的34张发票的复印件。

底稿 2

"管理费用——办公费（餐费）"审定表

被审计单位：水潭经联社　　编制人：马志锋　　日期：2015.2.7　　索引号：

期间：2012.5—2014.12　　复核人：李挺　　日期：2015.2.7　　页次：

报销日期	入账凭证	用途	餐厅	发票编号	发票金额（元）	属于多报销
⋮						
2013.9.20	付字第8号	到镇开会餐费	湖口饭店	50790536	200	
2013.9.20	付字第8号	到镇开会餐费	湖口饭店	63239451	100	√
2013.9.20	付字第8号	到镇开会餐费	湖口饭店	00879827	10	
⋮						
2013.11.10	付字第7号	普查人员加班餐费	湖口饭店	64832499	100	
2013.11.10	付字第7号	普查人员加班餐费	湖口饭店	63239452	100	√
2013.11.10	付字第7号	普查人员加班餐费	湖口饭店	00181578	20	
⋮						
合计					5412	

审计说明：

1. 查阅其他人经手的餐费业务，没有发现问题。

2. 2012年5月至2014年12月，张明经手报销的餐费共5412元。审计发现，其中自2013年9月至2014年12月，张明在9次餐费报销中，每次多报一张百元餐费发票，编号从63239451至63239459。张明承认这9张多报的餐费发票是在2013年8月新居入伙时在湖口饭店宴请亲朋时取得的。

审计结论：

自2013年9月至2014年12月，张明多报销餐费900元，与《水潭经联社财务管理制度》第七条第八款不符。张明应立即将虚报款项退回水潭经联社。同时责令该村调整会计分录：

　　借：内部往来——张明　　　　　　900

　　　　贷：收益分配——未分配收益　　　900

附审计证据：张明用于多报销餐费的9张发票的复印件。

> 底稿 3

管理人员工资报酬审定表

被审计单位：水潭经联社　　编制人：马志锋　　日期：2015.2.6　　索引号：
期间：2014.1—2014.12　　复核人：李挺　　日期：2015.2.7　　页次：

姓名	职位	应发2014年工资（元）	实发2014年工资（元）	补助（元）
合计		145 000	145 000	10 800
张辉东	书记、主任	37 000	37 000	3 600
张翠莲	副书记、副主任	35 000	35 000	2 400
张　明	支委、村委	33 000	33 000	2 400
李　远	会计	22 000	22 000	1 200
张明慧	出纳	18 000	18 000	1 200

审计说明：

　　应发2014年工资按《关于水潭村委会2014年度干部报酬的意见》计算，实发2014年工资与应发工资相符。补助不包括在工资内，与《关于湖口镇农村干部通信补助的规定》（湖〔2003〕56号）相符。

审计结论：

　　2014年支付管理人员报酬155 800元，均符合有关规定，未发现多领取报酬情况。

附审计证据：

　　1. 2014年各月村干部工资报酬表复印件；
　　2. 《关于水潭村委会2014年度干部报酬的意见》复印件；
　　3. 会计聘用合同复印件；
　　4. 出纳聘用合同复印件；
　　5. 《关于湖口镇农村干部通信补助的规定》（湖〔2013〕56号）复印件。

底稿4

"管理费用——折旧费"审定表

被审计单位：水潭经联社　　编制人：马志锋　　日期：2015.2.6　　索引号：

期间：2014.1—2014.12　　复核人：李挺　　日期：2015.2.7　　页次：

资产名称	购置日期	原值（元）	年折旧率（%）	已提折旧（元）	2014年计提折旧（元）	维修费（元）
合计		410800.00		25984.17	30755.00	5495.00
办公大楼	2011.6	206500.00	5	25812.50	10325.00	3085.00
电脑	2013.10	10300.00	10	171.67	1030.00	200.00
汽车	2013.12	194000.00	10	0.00	19400.00	2210.00

审计说明：

办公大楼维修费为重新粉刷大楼内墙费用；汽车维修费为汽车正常保养费用。

审计结论：

管理用固定资产均按标准计提折旧，维修费开支正常，可以确认。

附审计证据：

1. 固定资产2014年折旧计算表1份。
2. 2014年管理费中维修费明细表1份。

底稿5

管理费用汇总审定表

被审计单位：水潭经联社　　编制人：李挺　　日期：2015.2.7　　索引号：

期间：2014.1—2014.12　　复核人：马志锋　　日期：2015.2.7　　页次：

项目	金额（元）
合计	277403.20
工资	155800.00
办公费	84943.20
差旅费	0.00
折旧费	30755.00
维修费	5495.00
其他	410.00

审计说明：

办公费中已减除张明多报销的6000.00元。

续表

审计结论：
水潭经联社 2014 年度管理费用为 277 403.20 元，比 2013 年度管理费用 231 043.60 元增加 46 359.60 元。
审计证据：（略）

其他支出审定表（不合理支出）

被审计单位：红光村		编制人	陈××	日期：2015.2.13	索引号：××
审计项目	其他支出	复核人	程××	日期：2015.2.14	页次：××
会计期间	2014.1.1—2014.12.31				

序号	支出内容	金额（元）	审计意见	备注
1	2013年村干部年终奖	60 000	不符合财务制度规定	
2	节日补助	30 000	不符合财务制度规定	
3	春节村干部家属座谈会利是	30 000	不符合财务制度规定	
4	煤气补贴	7 200	不符合财务制度规定	
5	村干部节日礼品	55 000	不符合财务制度规定	
6	加班补助	50 000	没有依据40 000元	
7	值班补助	65 000	没有依据45 000元	
8	交通补助	30 000	超过标准24 000元	
9	通讯补助	45 000	超过标准30 000元	
10	汽车驾驶证报考费用	3 600	不符合财务制度规定	
11	汽车维修、保险、汽油等费用	45 000	不符合财务制度规定	
12	村干部保险费	108 598.32	不符合财务制度规定	
13	冲销应收款	50 000	冲销程度不符合财务制度规定	
14	赞助镇政府贺岁杯足球赛	25 000	不符合财务制度规定	
15	贺礼	20 000	不符合财务制度规定	
16	村主任打伤××厂职工赔偿金	20 000	不符合财务制度规定	
	合计	644 398.32		

续表

审计说明：

  1. 2013年村干部年终奖、节日补助、春节村干部家属座谈会利是、煤气补贴、村干部节日礼品等共182 200元，不符合《××县大力镇农村集体经济组织财务管理制度》的规定（详见《村干部奖金补助审核表》），属于巧立名目发放奖金、补助。

  2. 根据《××县大力镇农村集体经济组织财务管理制度》的规定，村干部领取加班补助、值班补助以上级要求加班、值班的书面通知为依据，每人每天不得超过50元。该村2014年村干部领取的加班补助、值班补助115 000元中有85 000元没有上级要求加班、值班的书面通知，支出缺乏依据（详见《村干部奖金补助审核表》）。

  3. 根据《××县大力镇农村集体经济组织财务管理制度》的规定，该村干部2014年可以领取的交通补助、通讯补助共为21 000元，实际支出75 000元，超标领取54 000元（详见《村干部奖金补助审核表》）。

  4. 村书记李××汽车驾驶证报考费用3 600元（详见原始凭证复印件），不符合《××县大力镇农村集体经济组织财务管理制度》的规定，不能报销。

  5.《××县大力镇农村集体经济组织财务管理制度》第××条规定"不得用公款为村干部报销私车费用"，该村集体没有汽车，但有汽车维修、保险、汽油等费用支出，经调查核实，均为村书记李××、村主任冼××的私车费用，其中李××24 000元、冼××21 000元（详见《汽车费用审核表》和调查记录）。

  6.《××县大力镇农村集体经济组织财务管理制度》第××条规定"不得用公款为村干部购买各种保险"，村干部购买保险共108 598.32元属违规支出（详见原始凭证复印件）。

  7.《××县大力镇农村集体经济组织财务管理制度》第××条规定"确定无法收回的应收款在30 000元以上的，应经村民代表会议决定才予以冲销"。经调查核实，冲销的应收款50 000元均为村、组干部借款，不能认定为"确定无法收回的应收款"，且未经村民代表会议决定，不能冲销（详见原始凭证复印件和调查记录）。

  8. 赞助镇政府贺岁杯足球赛25 000元不符合《××县大力镇农村集体经济组织财务管理制度》第××条规定。

  9. 2014年共支出贺礼20 000元，经调查核实，均为村支付村民及外单位喜庆宴请的贺礼，按《××县大力镇农村集体经济组织财务管理制度》第××条规定，不得公款报销。

  10. 村主任冼××打伤××厂职工赔偿款20 000元，经调查，为冼××因私事打伤××厂职工，根据《××县大力镇农村集体经济组织财务管理制度》第××条规定不得公款报销。

审计结论：

  1. 村干部巧立名目发放奖金、补助共182 200元，不符合《××县大力镇农村集体经济组织财务管理制度》的规定，应限期清退。

  2. 村干部缺乏依据领取加班补助、值班补助85 000元不符合《××县大力镇农村集体经济组织财务管理制度》的规定，应限期清退。

  3. 超标领取交通补助、通讯补助共54 000元，应限期清退。

  4. 村书记李××汽车驾驶证报考费用3 600元，不符合《××县大力镇农村集体经济组织财务管理制度》的规定，不能报销，应限期清退。

续表

5. 村书记李××、村主任冼××报销私车费用45 000元，其中李××24 000元、冼××21 000元，应限期清退。

6. 村干部购买保险共108 598.32元属违规支出，应限期清退。

7. 冲销的应收款50 000元均为村、组干部借款，不能认定为"确定无法收回的应收款"，且未经村民代表会议决定，不能冲销，应限期偿还。

8. 赞助镇政府贺岁杯足球赛25 000元不符合《××县大力镇农村集体经济组织财务管理制度》第××条规定，应予收回。

9. 贺礼支出20 000元，不符合《××县大力镇农村集体经济组织财务管理制度》第××条规定，应限期清退。

10. 村主任冼××打伤××厂职工赔偿款20 000元，经调查，为冼××因私事打伤××厂职工，根据《××县大力镇农村集体经济组织财务管理制度》第××条规定不得公款报销。

附件：

1. 村干部奖金补助审核表；
2. 汽车费用审核表；
3. 调查记录3份；
4. 有关凭证复印件。

底稿7

其他支出审定表（会计处理）

被审计单位：红光村	编制人	陈××	日期：2015.2.15	索引号：××
审计项目：其他支出	复核人	程××	日期：2015.2.16	页次：××
会计期间	2014.1.1—2014.12.31			

内容	账面数（元）	调整（元）	审定数（元）	备注
村干部年终奖、补助、保险、汽车费用等	529 398.32	−478 398.32	51 000	不合理支出及科目不正确
赞助镇政府贺岁杯足球赛	25 000	−25 000	0	不合理支出
贺礼	20 000	−20 000	0	不合理支出
村主任打伤××厂职工赔偿金	20 000	−20 000	0	不合理支出
不合理支出及科目不正确小计	594 398.32	−543 398.32	51 000	
接待费等	25 000	−25 000	0	科目不正确
参观费用等	28 000	−28 000	0	科目不正确
科目不正确小计	53 000	−53 000	0	
冲销应收款	50 000	−50 000	0	不能冲销

(续表)

内容	账面数（元）	调整（元）	审定数（元）	备注
公益性固定资产折旧	0	+10000	10000	未计提
应付贷款利息	0	+50000	50000	未计提
固定资产及库存物资盘亏	10000	0	10000	
违约赔偿及罚款等	32000	0	32000	
合计	739398.32	-586398.32	153000	

审计说明：

1. 村干部年终奖、补助、保险、汽车费用等支出共594398.32元，其中有543398.32元违反《××县大力镇农村集体经济组织财务管理制度》的规定，应予清退，同时会计处理使用科目也不正确，因此予以调减（详见底稿1和其他支出科目调整表）。

2. 接待费、参观费用等共53000元，不属于"其他支出"核算内容，予以调减（详见其他支出科目调整表）。

3. 冲销的应收款50000元均为村、组干部借款，不能认定为"确定无法收回的应收款"，且未经村民代表会议决定，不能冲销，应予以调减（详见底稿1和其他支出科目调整表）。

4. 该村2014年没有计提公益性固定资产折旧，应补提折旧10000元（详见固定资产折旧计算表、其他支出科目调整表）。

5. 该村2014年没有计提应付贷款利息，应补提50000元（详见其他支出科目调整表、应付利息计算表、借款合同）。

审计结论：

该村2014年"其他支出"科目账面发生额739398.32元，扣除支出内容不合理且会计科目使用不正确543398.32元、会计科目使用不正确53000元、不能冲销的应收款50000元，补提公益性固定资产折旧10000元、应付贷款利息50000元，调整后实际发生额为153000元。

附：1. 其他支出科目调整表；
　　2. 应付利息计算表；
　　3. 固定资产折旧计算表；
　　4. 借款合同。

第九章 审计报告

第一节 审计报告的概念与种类

一、审计报告的概念

审计报告是指审计人员对审计事项实施审计后,就审计实施情况和审计结果向审计授权人或委托人提出的,反映审计结果、阐明审计意见和建议的书面文件。审计人员对审计事项实施审计,并完成既定的审计目标后,必须向审计授权人或委托人提出审计报告。

审计报告作为审计工作的成果,是审计活动的结晶和客观描述,是审计工作质量的主要标志。审计报告不仅是审计人员对审计经过和审计结果的全面总结,也是审计机构对审计事项做出评价,以及对违反国家规定的行为,在法定职权范围内做出审计决定或者向其他有关部门移送的依据。

二、审计报告的作用

通常情况下,审计报告具有鉴定和证明作用,具体表现在以下几个方面:

(1) 审计报告全面地总结了审计过程和结果,表明了审计人员的审计意见和建议。

(2) 审计报告是审计机关据以出具审计决定书或审计移送处理书的主要依据。

(3) 审计报告是具有法律效力的审计法律文书,是向社会公布的审计结果,可以起到公证或鉴证的作用,是被审计单位的利害关系人做出决策的主要依据。

(4) 审计报告对被审计单位是一份指导性文件,便于被审计单位纠错防弊,改善经营管理,提高经济效益。

(5) 审计报告是评价审计人员工作业绩、控制审计质量的重要依据,也是重要的审计档案,是今后考查审计工作的依据。

三、审计报告的种类

1. 按审计报告使用目的划分

(1) 公布目的的审计报告。一般适用于对企业股东、投资人、债权人等非特定利益关系者公布的附有会计报表的审计报告。

(2) 非公布目的的审计报告。一般适用于经营管理、合并或转让、资金融通等特定目的而实施审计的审计报告,这类审计报告是专供特定使用者使用的。

2. 按审计报告的性质划分

(1) 标准审计报告。是指格式和措辞基本统一的审计报告,一般适用于对外公布。

(2) 非标准审计报告。是指格式和措辞基本不统一,可以根据具体审计项目的问题来决定的审计报告,一般适用于非对外公布。

3. 按审计报告的详略程度划分

(1) 简式审计报告。又称为短式审计报告,是审计人员对应公布的会计报表进行审计后的简明扼要的审计报告。简式审计报告所反映的内容是非特定多数的利害关系人共同认为必要的审计事项,它具有记载法规或审计准则所规定的特征,一般适用于公布目的,具有标准审计报告的特点。

(2) 详式审计报告。又称为长式审计报告,是指对被审计单位所有重要的经济业务和情况都要做详细说明和分析的审计报告。一般适用于非公布目的,具有非标准审计报告的特点。主要用来帮助被审计单位改善经营管理服务。

4. 按审计报告撰写主体划分

(1) 内部审计报告。是由内部审计机构和人员撰写的审计报告。内部审计的独立性决定了审计报告具有一定的局限性,一般只供部门、单位领导人了解情况和内部决策之用,对外不具备鉴证之类的作用。

(2) 外部审计报告。根据外部审计主体的不同,又分为国家审计机关的审计报告和注册会计师的审计报告。外部审计报告一般都具有鉴证和证明作用,具有法律效力。

第二节 审计报告基本内容

各类审计报告,尽管内容上存在差异,但总体而言,均应具备以下基本内容。

(一) 审计报告的标题

标题应体现审计报告属于何种类型,准确地反映审计活动的主题,让审计报告的使用者对被审计单位、审计的时间、审计的内容范围等一目了然。国家审计和内部审计在这方面尤为突出,报告的标题一般由报告事由加文种组成,如"关于××的审计报告",而注册会计师审计报告的标题则统一规范为"审计报告"。

(二) 审计报告的接受者和收件人

因审计授权人和委托人的不同,审计报告的接受者或收件人也不同。如果是授权审计,审计报告的接受者往往是授权机关。如果是注册会计师审计,审计人员按照业务约定书的要求致送审计报告的对象,一般是指审计业务的委托人。

(三) 说明段或引言段

说明段或引言段应当说明审计对象和范围,以及审计的主要方式等内容。

（四）被审计单位的责任段

审计报告中被审计单位的责任段应当说明：被审计单位已经按照会计准则和相关会计制度的规定，对被审计期间单位的所有经济业务均进行了会计处理，并由此承担责任。这种责任包括：①设计、实施和维护相关的内部控制，以使财务会计信息不存在由于舞弊或错误而导致的重大错报；②选择和运用恰当的会计政策；③做出合理的会计估计；等等。

（五）审计人员的责任段

审计报告中关于审计人员的责任段应当说明下列内容：

（1）审计责任是在实施审计工作的基础上发表的审计意见，并体现是否按照审计准则的规定执行了审计工作。

（2）审计工作是否实施了必要的审计程序，以获取充分有效的审计证据，据以支持审计意见和结论。

（六）问题段

此为审计报告的关键部分，罗列审计过程中查出的违反财经法律法规的会计业务。需要注意的是，此部分问题必须有审计证据的支撑。

（七）结论段

结论段是指审计报告中用于描述审计人员对所审计事项发表审计结论的段落。不同的审计报告，发表结论的方式也略有区别。

（八）审计人员的签名和盖章

审计报告应当由审计人员签名并盖章，以明确法律责任。

（九）报告日期

审计报告日期是指审计人员完成审计工作的日期。审计报告的日期不应早于审计人员获取充分、适当的审计证据，并在此基础上形成审计意见和结论的日期。审计人员在确定审计报告日期时，应当考虑以下内容：

（1）应当实施的审计程序已经完成。

（2）应当提请被审计单位调整的事项已经提出，被审计单位已经作出调整或拒绝作出调整。

必要的时候，审计人员根据期后事项的具体情况，可以签署双重日期。

第三节　审计报告的撰写

一、审计报告的撰写要求

（一）基本要求

不同的审计报告，由于审计目标、对象和范围的不同，撰写的方法也有所不同。但就其基本要求而言，有以下几点共性。

（1）逻辑结构方面的基本要求。一份高质量的审计报告，首先必须做到结构严谨，逻辑关系清晰。具体表现在：

第一，审计报告标题应当反映出审计类型与审计目标。

第二，说明段和责任段要写明审计授权人或委托人、审计具体目标和任务、审计内容和范围、审计具体程序和方法、会计责任和审计责任等。

第三，问题段应当按照重要性程度排列以利于阅读，审计结论中肯。

（2）内容方面的基本要求。一份高质量的审计报告，在内容方面必须做到事实清楚、证据确凿、内容完整、反映全面、评价公正、定性准确、处理恰当、建议可行。

（3）行文方面的基本要求。审计报告是重要文书，行文必须规范，做到文题相符、概念清晰、措辞恰当、有理有据、层次清楚、行文简练。

（4）时间方面的基本要求。审计报告的时间要求，主要根据授权人或委托人的要求而定。一般而言，审计实施终了后15日内，审计人员应当提交审计报告。

（二）各种审计报告的不同要求

不同的审计报告除了其共性，还具有各自的特殊性。如财政审计、财务审计、经济效益审计、财经法纪审计报告和经济责任审计报告，其写法都有不同的侧重点和表达方式。

1. 财政审计报告

这类审计报告的重点是预算的执行情况和决算。要着重指出预算收入、预算支出和预算外收支是否合规、合法、有效益；有无将预算内资金转为预算外资金，财政结余、结转是否正确等。对存在的问题也要提出审计意见和审计建议。

2. 财务审计报告

这类审计报告的重点是证明被审计单位的财务报表是否可信，财务状况和经营成果是否真实、正确，经济活动是否合规、合法、有效益。同时，根据审计报告的接受者不同，其重点也有所不同。如果是向被审计单位的投资者、债权人等利害关系人提供公证（鉴证）信息，则其重点为：对被审计单位的财务报表表明审计意见；指出财务报表是否遵循了会计准则和有关规定；会计方法是否前后一致；财务报表是否公正地反映了财务状况和经营成果等。如果是向被审计单位领导或其上级主管部门提供，则除了证明财务报表外，还要提出改进管理、提高经济效益的建议。国家审计机关对被审计单位的财务进行的财务审计报告，除了重点说明其财务收支的真实性外，还要着重指出财务收支的合规合法性，以及是否有截留和转移利润、偷税、漏税，以及其他违反财经法纪的情况，并在审计报告中提出审计意见和建议。

3. 经济效益审计报告

经济效益审计报告的内容主要包括审计概况、基本评价、主要经验、存在问题、审计意见和改进建议五个方面。在审计报告中着重肯定成绩，总结经验，提出问题，提出建议。撰写时要避免数字成堆，表格繁杂；要有情况，有分析，数据确凿，逻辑合理，文字尽可能生动活泼。审计建议可提出一个或几个改进方案，计算其得失，考察其提高经济效益的前景。经济效益审计报告一般都是详式审计报告。这种审计报表的主要作用是提供给被审计单位或其上级主管部门做出改善经营管理、挖掘内部潜力、提高经济效益的参考。

4. 财经法纪审计报告

财经法纪审计通常为专案审计，因此，审计报告的具体内容应根据案情而定。其一般内容可分为：审计概况、查实的违反法纪事实、审计意见和审计附件四个部分。在审计报告中着重说明的是违纪事实、性质、造成的危害，以及审计意见。这种报告如果案情简单可用简式报告，案情复杂则要用详式报告。撰写这类报告，要坚持原则，分清是非，证据确凿。报告通常涉及对人的处理，定性要准确，措辞要适当，意见要慎重。

5. 经济责任审计报告

经济责任审计报告主要内容包括审计基本情况、审计发现的问题（包括主要问题和应负责任）、审计意见和建议。应突出的内容是被审计领导干部的职责范围和其所在单位在其任职期间目标完成情况；被审计领导干部及其所在单位违反国家法规及廉政规定的主要问题；被审计领导干部应负的主管责任和直接责任；对被审计领导干部及其所在单位处理、处罚意见和改进建议等。值得注意的是，每一项经济责任审计，审计机关审定报告后，向本级党委或人民政府还应提交一份审计结果报告，为组织人事、纪检监察机关考核、任用干部提供参考依据。

6. 年度财务报表审计报告

注册会计师出具的年度财务审计报告，基本类型包括四种：无保留意见审计报告、保留意见审计报告、否定意见审计报告和无法表示意见审计报告。

二、审计报告撰写的一般步骤

（1）整理分析审计工作底稿与审计证据。审计人员在执行审计任务的过程中，收集了许多能证明被审计事项的资料证据，并分别反映在审计工作底稿中，这些都是拟定审计报告的基础。但是，这些证据是分散的、不系统的，不可能不分轻重地全部写进审计报告。为此，审计人员要在审阅工作底稿的基础上，去粗取精，选择一些符合审计目的的相关审计证据，并进行归类整理，作为撰写审计报告的基础。此外，审计人员还要按照审计查出的问题，查找有关的法律、法规、规章和政策依据，以此作为审计标准，为问题定性和提出处理意见提供法律依据。

（2）拟定审计报告提纲。一般由审计小组成员集体讨论拟定审计报告的内容、结构安排及其格式，并逐项列出编写提纲。审计报告编写提纲包括审计概述，被审计单位概况，存在的问题及其次序安排，审计证据，引用哪些法律、法规，如何写出评价和结论等。

由于内部审计报告属于详式审计报告，篇幅较长，为了防止阅读的视角疲劳，一般需要使用小标题。

（3）撰写审计报告初稿。拟定提纲后，就可以将资料用文字加以组织表述，形成审计报告初稿。审计报告可以由一个人执笔，也可以多人分工撰写。如果是分工撰写，最后必须由一人统稿，并授予修改权，以使最后形成的审计报告初稿前后呼应，浑然一体。

（4）征求被审计单位意见。为了保证审计工作的客观性和公正性，审计报告定稿后，必须按审计工作程序和要求征求被审计单位的意见，并要求被审计单位在一定期限内提出书面意见，以便使审计报告符合客观实际，容易被其所接受。审计人员对被审计单位提出的意见，应慎重考虑，反复推敲。如果被审计单位提出的意见附有相关证据，应考虑追加审计程序和修改审计报告；如果被审计单位从单位利益考虑，提出缺乏证据的不同意见，审计人员一定要坚持原则，予以解释或拒绝，并将被审计单位的意见作为审计报告的附件一并报出。

（5）审查并签发审计报告。审计机构接到审计报告后，有关领导应在审计报告上签署意见，并根据审计结果，做出审计决定，通知被审计单位和有关部门执行。

附录：农村换届审计案例

一、背景材料

2015年广东省村级党支部和村民委员会全面换届选举。为了确保换届选举工作顺利进行，根据中办发〔2014〕17号文关于："村干部任期届满或离任时必须审计"和《广东省农村集体经济审计条例》的有关规定，××县部署并印发了《××县2015年村委会、集体经济组织换届审计工作实施方案》。××镇农村集体经济审计办公室按照县的工作部署，派出审计组于2015年1月10日起对华东村委会、村经联社（华东村委会、村经联社是两块牌子一套人马，合设1套账，以下简称"华东村"）进行换届审计。

二、案情简要分析

（一）审计重点分析

审计组分析认为，该村换届审计主要涉及：

①财务收支活动的合法性；

②财务状况及变动情况；

③经营成果的真实性、效益性和收益分配情况。

（二）审计方法分析

为完成本次审计任务，需要运用如下主要审计方法：

①盘存法。盘点库存现金和固定资产。

②查询法。函证银行存款、债权、债务。

③审阅法。审阅会计报表、账簿、凭证、合同、会议记录等。

④核对法。审查干部报酬、补助、分红等。

⑤对比分析法。分析资产变动情况和收益增长情况。

⑥其他可能运用到的方法。

三、审计计划的制定

作为审计的初始阶段，审计组针对上述分析拟订了审计工作计划。

华东村换届审计工作计划

1. 被审计单位：华东村
2. 审计目的：查清本届内华东村财务收支及经营成果的真实性
3. 审计依据：

（1）《现金管理条例》；

（2）《村集体经济组织会计制度》；

（3）《广东省农村集体资产管理条例》；

（4）《××镇农村干部报酬管理办法》；

（5）《华东村经联社章程》；

（6）《华东村经联社财务管理制度》等。

4. 审计种类：换届审计

5. 审计方式：就地审计

6. 审计时间安排：2015年1月5日至21日

7. 审计经费预算：（略）

8. 审计工作步骤：

（1）2015年1月5日，了解华东村基本情况；

（2）2015年1月7日，编制审计工作计划，下发审计通知书等准备工作；

（3）2015年1月10日至20日，实施审计；

（4）2015年1月21日，撰写审计工作报告等。

9. 人员分工：组长王××负责全面审计工作，撰写审计工作报告；组员杨××负责资产负债、财务公开、民主管理情况审计；组员林××负责财务收支和会计处理的审计；组员毕××负责集体经营收益及收益分配审计。

编制人：王××
2015年1月5日

审计组在做好上述准备工作后，代拟了审计通知书：

××镇人民政府

审计通知书

×审通字〔2015〕1号

关于华东村换届审计的通知

华东村委会、经联社：

根据《广东省农村集体经济审计条例》和《××县2015年村委会、集体经济组织换届审计工作实施方案》的有关规定，决定派出审计组，自2015年1月10日起，对你单位2012年1月1日至2014年12月31日的经济责任进行审计。必要时将追溯其他年度或延伸审计有关单位，请予积极配合，并提供有关资料和必要的工作条件。

审计组长：王××

组　　员：杨××、林××、毕××

联系电话：××××××××

××镇人民政府（章）
二〇一五年一月七日

四、审计程序

农村换届审计是综合性审计，必须对资产、负债、收益的真实性和变动情况进行全面审计，审计程序见下表：

农村换届审计程序表

被审计单位：华东村		签 名	日 期	索引号	×	
项目：换届审计		编制人	王××	2015.01.10	页次	×	备注
会计期间：2012.1.1—2014.12.31		复核人	杨××	2015.01.10	执行情况		

1. 资产及变动情况 　1.1　货币资金 　　1.1.1　审查货币资金收支是否真实、合法、合规； 　　1.1.2　盘点现金，核对银行存款。 　1.2　审核短期投资是否真实，投资程序是否合法合规。 　1.3　应收款 　　1.3.1　获取或编制应收款明细表，复核加计正确，并与报表数、总账和明细账核对相符； 　　1.3.2　审核应收款增减变动是否真实、合理。 　1.4　存货 　　1.4.1　获取或编制存货明细表，复核加计正确，并与报表数、总账和明细账核对相符； 　　1.4.2　审核存货增减变动是否真实、合理； 　　1.4.3　盘点存货，进行账实核对。 　1.5　农业资产 　　1.5.1　获取或编制农业资产明细表，复核加计正确，并与报表数、总账和明细账核对相符； 　　1.5.2　审核农业资产增减变动是否真实、合理； 　　1.5.3　盘点农业资产，进行账实核对。 　1.6　审核长期投资是否真实，投资程序是否合法合规。 　1.7　固定资产 　　1.7.1　获取或编制固定资产明细表，复核加计正确，并与报表数、总账和明细账核对相符； 　　1.7.2　审核固定资产增减变动是否真实； 　　1.7.3　审核固定资产增减变动的程序是否符合有关规定； 　　1.7.4　固定资产折旧的计提是否准确； 　　1.7.5　盘点固定资产，进行账实核对。	

(续表)

1.8 在建工程
    1.8.1 获取或编制在建工程明细表，复核加计正确，并与报表数、总账和明细账核对相符；
    1.8.2 审核在建工程立项、招投标等是否符合民主决策、公开的规定；
    1.8.3 审核在建工程的预、决算是否真实、合理，支出的程序是否合规；
    1.8.4 实地盘查，进行账实核对。
1.9 审核无形资产的增减变动是否真实合理。		

2. 负债及变动情况
  2.1 借款
    2.1.1 获取或编制借款明细表，复核加计正确，并与报表数、总账和明细账核对相符；
    2.1.2 审核届内新增借款是否真实、合理；
    2.1.3 审核届内新增借款程序是否符合规定。
  2.2 应付款
    2.2.1 获取或编制应付款明细表，复核加计正确，并与报表数、总账和明细账核对相符；
    2.2.2 审核应付款增减变动是否真实、合理；
    2.2.3 审核专项应付款是否专款专用。
  2.3 应付工资
    2.3.1 获取或编制应付工资明细表，复核加计正确，并与报表数、总账和明细账核对相符；
    2.3.2 审核应付工资、各项补助的计算是否符合有关规定、是否准确；
    2.3.3 审核村干部工资、各项补助的计发是否经过民主讨论决定；
    2.3.4 审核村干部工资、各项补助的发放情况，检查有无超标准领取的现象。
  2.4 应付福利费
    2.4.1 获取或编制应付福利费明细表，复核加计正确，并与报表数、总账和明细账核对相符；
    2.4.2 审查应付福利费支出的合法性、真实性。		

3. 审查所有者权益合法性、真实性。		
4. 审查收入、支出、收益、收益分配的合法性、真实性。		

审计组分析认为，根据该村的实际情况，本次审计不必实施上述全部审计程序。经过具体分析，调整了部分审计程序。本次实施的审计程序见下表：

农村换届审计程序表

被审计单位：华东村		签 名	日 期	索引号	×	备注
项目：换届审计		编制人	王××	2015.01.10	页次	×	
会计期间：2012.1.1—2014.12.31		复核人	杨××	2015.01.10	执行情况		
1. 审核货币资金收支情况 2. 审核固定资产与累计折旧情况 3. 审核收入、支出的合法性、合理性 4. 审核管理费用 5. 审核厂房、商铺租金兑现情况 6. 审核应收款 7. 审核在建工程项目情况 8. 审核应付款及应付福利费情况 9. 审核收益分配情况 10. 审核所有者权益情况 11. 审核评价经营业绩情况 12. 审核干部工资、奖金、补助情况 13. 审核内部管理制度建设情况 14. 审核主要经济指标完成情况						

五、审计工作底稿及审计证据

实施过程中，审计人员主要编制和复核了下列工作底稿：

①货币资金收支审定表；

②固定资产与累计折旧审定表；

③收入审定表；

④管理费用审定表；

⑤厂房、商铺租金兑现情况审定表；

⑥应收款审定表；

⑦华东村工程项目审定表；

⑧资产审定表；

⑨应付款审定表；

⑩应付福利费审定表；

⑪负债汇总审定表；

⑫收益分配调整审定表；

⑬所有者权益审定表；

⑭经营业绩汇总审定表（收益及分配）；
⑮经营业绩汇总审定表（财务状况）；
⑯干部工资、奖金、补助审定表；
⑰内部管理制度审定表；
⑱主要经济指标完成情况审定表。

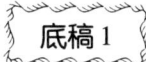底稿1

货币资金收支审定表

单位：万元

被审计单位：华东村	编制人	杨××	日期	2015.01.12	索引号	×
项目：货币资金收支	复核人	毕××	日期	2015.01.13	页次	×

会计期间：2012.01.01—2014.12.31

货币资金收支总额			
项目	2012年	2013年	2014年
年初余额	350	545	755
本年收入	1750	1820	2070
本年支出	1555	1610	2390
年末余额	545	755	435

货币资金来源和使用					
	项目	2012年	2013年	2014年	合计
收入	厂房租金	500	650	750	1900
	商铺租金	900	1100	1200	3200
	征地款	300			300
	商铺拆迁补偿			50	50
	往来款项差额	10	20	10	40
	其他	40	50	60	150
	合计	1750	1820	2070	5640
支出	厂房、商铺	300	400	1330	2030
	小学教学楼	250			250
	村道建设	250			250
	建办公楼		380		380
	固定资产购建小计	800	780	1330	2910
	经营支出	50	60	65	175

续表

项目		2012 年	2013 年	2014 年	合计
支出	管理费用	40	50	60	150
	其中：干部工资	8	8	8	24
	福利费收支差额	30	30	35	95
	年终分配	630	680	880	2 190
	其中：社员分配	582	625	820	2 027
	干部奖金	48	55	60	163
	其他	5	10	20	35
	合计	1 555	1 610	2 390	5 555
收支差额		195	210	−320	85

审计说明：

1. 货币资金收支总额：根据每月发生额合计扣除提现和送存计算，货币资金来源和使用根据各科目每月发生额合计扣除非货币资金业务计算，两者结果一致（详见《货币资金收支计算表》）。

2. 经盘点，该村 2014 年 12 月 31 日货币资金余额为 435 万元，账实相符（详见《货币资金盘点表》）。

审计结论：

该村 2012 年 1 月 1 日至 2014 年 12 月 31 日，货币资金总收入为 5 640 万元，其中，厂房租金 1 900 万元，商铺租金 3 200 万元，征地款 300 万元；总支出为 5 555 万元，其中固定资产购建小计 2 910 万元（厂房、商铺 2 030 万元，小学教学楼 250 万元，村道建设 250 万元，建办公楼 380 万元），经营支出 175 万元，管理费用 150 万元，福利费 95 万元，年终分配 2 190 万元；收支结余 85 万元。2014 年 12 月 31 日货币资金余额为 435 万元，账实相符。

审计证据：

1. 《货币资金收支计算表》；
2. 《货币资金盘点表》；
3. 收入凭证；
4. 支出凭证。

固定资产与累计折旧审定表

单位：万元

被审计单位：华东村		编制人	林××	日期	2015.01.15	索引号	×
项目：固定资产及累计折旧		复核人	毕××	日期	2015.01.16	页次	×

会计期间：2012.01.01—2014.12.31

会计报表时间	固定资产原值			累计折旧（元）			固定资产净值		
	账面数	调整数	审定数	账面数	调整数	审定数	账面数	调整数	审定数
2012.12.31	9350		9350	2500	330	2830	6850	-330	6520
2013.12.31	10130		10130	2500	390	3220	7630	-390	6850
2014.12.31	11460	-40	11420	2500	424	3644	8960	-464	7776
合　计		-40			1144			-1184	

审计说明：

1. 固定资产原值调减40万元。该村将商铺拆迁补偿500000元全部作为其他收入，没有进行固定资产的会计处理，应调整。调整会计分录为：

（1）借：银行存款　　　　　　500000
　　　　贷：其他收入　　　　　　　500000
（2）借：银行存款　　　　　　500000
　　　　贷：其他收入　　　　　　　100000
　　　　　　固定资产——××商铺　400000

2. 该村除根据2012年的换届审计意见补提固定资产折旧2500万元外，其他时间没有计提折旧。2012年1月1日至2014年12月31日应计提折旧为1144万元（详见《累计折旧计算表》）。

审计结论：

该村2014年12月31日固定资产资产原值11420万元，累计折旧为3644万元，固定资产净值为7776万元。

审计证据：

1.《固定资产盘点表》；
2.《累计折旧计算表》；
3. 有关凭证复印件。

收入审定表

单位：万元

被审计单位：华东村			编制人		毕××	日期	2015.01.16	索引号		×
项目：收入			复核人		林××	日期	2015.01.17	页次		×
会计期间：2012.01.01—2014.12.31										
	账面数			调整数			审定数			
年份	2012	2013	2014	2012	2013	2014	2012	2013	2014	合计
总收入	1490	1780	2030				1490	1780	1990	5260
经营收入	1450	1730	1930				1450	1730	1930	5110
发包及上交收入										
投资收益										
其他收入	40	50	100			−40	40	50	60	150

审计说明：
　　调整其他收入40万元（详见底稿2）。

审计结论：
　　2012年1月1日至2014年12月31日总收入5260万元，其中经营收入5110万元，其他收入150万元。

审计证据：
　　1. 收入凭证；
　　2. 合同复印件。

管理费用审定表

单位：万元

被审计单位：华东村		编制人	林××	日期	2015.01.14	索引号	×
项目：管理费用费		复核人	毕××	日期	2015.01.15	页次	×
会计期间：2012.01.01—2014.12.31							
	项目	账面数		调整数	审定数		备注
2012年	工资补贴	12			12		
	办公费	14			14		
	差旅费	4			4		

续表

项目		账面数	调整数	审定数	备注
2012年	折旧费		10	10	
	维修费	5		5	
	其他	5	-0.3	4.7	
	合计	40	9.7	49.7	
2013年	工资补贴	12		12	
	办公费	16		16	
	差旅费	6	-0.6	5.4	
	折旧费		20	20	
	维修费	8		8	
	其他	8	-0.5	7.5	
	合计	50	18.9	68.9	
2014年	工资补贴	12		12	
	办公费	18		18	
	差旅费	8		8	
	折旧费	38	-9	29	
	维修费	12		12	
	其他	10	-1.1	8.9	
	合计	60	27.9	87.9	
合计	工资补贴	36		36	
	办公费	48		48	
	差旅费	18	-0.6	17.4	
	折旧费		59	59	
	维修费	25		25	
	其他	23	-1.9	21.1	
	合计	150	56.5	206.5	

审计说明：

审计人员对会计凭证进行审阅，发现下述业务存在问题：

1. 2012年2月24日、2013年2月11日、2014年2月14日村干部开年利是各3000元共9000元、2013年8月27日村干部外出参观补助1笔6000元，共15000元均违反《××镇农村集体经济组织财务制度》第×条关于"村干部不得收取会议费、出差补助、节日补助"的规定。

2. 2013年7月3日利用公款购置手机2000元违反《×镇农村集体经济组织财务制度》规定。

续表

3. 2014年5月24日村主任办事费5000元用途不清楚。 4. 2014年8月10日接待餐费3000元自制现金支出证明单,没有原始凭证。 5. 2013年4月15日支出会议1000元,没有签收表。经查阅会议记录和调查部分村民代表,支出属实但手续不完善,应补办手续。 　　根据上述内容共调减管理费用25000元。
审计结论: 　　1. 违反《××镇农村集体经济组织财务制度》规定的支出共25000元应由当事人退款,并调减管理费用25000元。 　　2. 2013年4月15日支出会议1000元,经查阅会议记录和调查部分村民代表,支出属实但手续不完善,应补办手续。
审计证据: 　　1. 会议记录复印件; 　　2. 调查记录1份; 　　3. 有关会计凭证复印件。

底稿5

厂房、商铺租金兑现情况审定表

单位:万元

被审计单位:华东村	编制人	毕××	日期	2015.01.12	索引号	×
项目:租金	复核人	杨××	日期	2015.01.13	页　次	×

会计期间:2012.01.01—2014.12.31

项目	2012年	2013年	2014年	合计
以上年度未收租金合计	215	200	100	
收回以上年度租金	215	200	100	
本期应收租金	1450	1730	1930	5110
本期实收租金	1250	1630	1735	4915
本期未收租金	200	100	195	195
实收租金占应收租金百分比(%)	86.21	94.22	89.90	96.18
期末未收租金合计	200	100	195	195

续表

审计说明： 1. 以上数据根据该村出租（承包）登记簿、账簿和有关出租合同整理（详见《租金计算表》）。 2. 未收租金均有进行账务处理。 3. 本届厂房、商铺租金兑现率为96.18%。 4. 未收租金经函证属实。
审计结论：本届厂房、商铺租金兑现率为96.18%。
审计证据： 1.《租金计算表》； 2. 合同复印件； 3. 有关会计凭证复印件。

应收款审定表

单位：万元

被审计单位：华东村		编制人	杨××	日期	2015.01.13	索引号	×
项目：应收款		复核人	林××	日期	2015.01.14	页次	×
截止时间：2014.12.31							

序号	单位	金额	内容	发生时间	原因	函证结果
1	A	5	合同押金	2011.02.15	合同未终止	一致
2	B	5	合同押金	2011.05.20	合同未终止	一致
3	C	5	合同押金	2011.09.25	合同未终止	一致
4	D	20	厂房租金	2014.12.31	租用单位资金不足，要求推迟付款	一致
5	E	30	厂房租金	2014.12.31	租用单位资金不足，要求推迟付款	一致
6	F	30	厂房租金	2014.12.31	租用单位资金不足，要求推迟付款	一致
7	G	20	厂房租金	2014.12.31	租用单位资金不足，要求推迟付款	一致
8	H	30	厂房租金	2014.12.31	租用单位资金不足，要求推迟付款	一致

序号	单位	金额	内容	发生时间	原因	函证结果
9	I	30	厂房租金	2014.12.31	租用单位资金不足，要求推迟付款	一致
10	J	35	厂房租金	2014.12.31	租用单位资金不足，要求推迟付款	一致
11	村干部	2.5	不合理支出应由当事人退款			
合计		212.5				

审计说明：
1. 根据应收款明细账核对合同等有关资料，结果一致；
2. 经函证欠款单位，结果一致；
3. 不合理支出 2.5 万元应由当事人退款，款项未退暂计入应收款（详见底稿4）。

审计结论：该村应收款账实相符，真实、合理。

审计证据：
1. 复函 10 份；
2. 有关合同复印件。

底稿7

工程项目审定表

单位：万元

被审计单位：华东村		编制人	杨××	日期	2015.01.16	索引号	×
项目：工程项目		复核人	毕××	日期	2015.01.17	页次	×

会计期间：2012.01.01—2014.12.31

项目	金额	是否召开村民代表会议讨论决策	是否公开招投标	是否签订合同	是否财务公开	预决算、设计图纸等资料是否齐全	是否专项公布	备注
厂房、商铺	2030	是	是	是	是	是	是	
小学教学楼	250	是	是	是	是	是	是	
村道建设	250	是	是	是	是	是	是	
建办公楼	380	是	是	是	是	是	是	
合计	2910							

续表

审计说明：
1. 查阅该村的会议记录，上述工程项目均有召开村民会议或村民代表会议进行民主决策，进行公开招投标，并经民主理财小组审核。
2. 上述工程项目账面支出与合同相符。
3. 财务公开：根据该民主理财活动记录本和调查民主理财小组及部分村民代表的情况审核。
4. 2013年2月23日修路补青苗费500元没有审批、没有收款人签收（具体见凭证复印件）。
5. 2014年7月25日建厂房填土工程款100000元没有收款单位印章（具体见凭证复印件）。
审计结论：工程项目支出程序合法，个别支出单据不规范，应补办手续。
审计证据：
1. 会议记录复印件8份；
2. 调查记录2份；
3. 相关会计资料、工程合同及其他资料复印件。

资产审定表

单位：万元

被审计单位：华东村		编制人	杨××	日期	2015.01.17	索引号	×
项目：资产		复核人	林××	日期	2015.01.18	页次	×
会计期间：2011.12.31—2014.12.31							
项　　目	2011.12.31	2014.12.31			2014年比 2011年增减	2014年比2011年 增减百分比（%）	
		账面数	调整数	审定数			
资　产							
流动资产：							
货币资金	350	435		435	85	24.29	
短期投资				0	0		
应收款	235	210	2.5	212.5	-22.5	-9.57	
内部往来				0	0		
库存物资				0	0		
产成品				0	0		
流动资产合计	585	645	2.5	647.5	62.5	10.68	

续表

项　　目	2011.12.31	2014.12.31			2014年比 2011年增减	2014年比2011年增减百分比（％）
		账面数	调整数	审定数		
长期资产：				0	0	
长期投资				0	0	
固定资产：				0	0	
固定资产原价	8550	11460	-40	11420	2870	33.57
减：累计折旧	2500	2500	1144	3644	1144	45.76
固定资产净值	6050	8960	-1184	7776	1726	28.53
固定资产清理				0	0	
在建工程				0	0	
固定资产合计	6050	8960	-1184	7776	1726	28.53
其他资产：				0	0	
无形资产				0	0	
递延资产				0	0	
其他长期资产				0	0	
其他资产合计				0	0	
资产总计	6635	9605	-1181.5	8423.5	1788.5	26.96

审计说明：

1. 应收款调加2.5万元（详见底稿4）。

2. 固定资产原值调减40万元（详见底稿2）。

3. 固定资产折旧调加1144万元（详见《累计折旧计算表》）。

审计结论：

该村2014年12月31日资产总额8423.5万元，比2011年12月31日增加1788.5万元，增长26.96％，实现了资产保值、增值。

审计证据：

1.《累计折旧计算表》；

2. 2011年至2014年资产负债表。

应付款审定表

单位：万元

被审计单位：华东村		编制人	林××	日期	2015.01.13	索引号	×
项目：应付款		复核人	毕××	日期	2015.01.14	页次	×

截止时间：2014.12.31

序号	单位	金额	内容	发生时间	原因	函证结果
1	D	15	合同押金	2014.01.20	合同未终止	一致
2	E	20	合同押金	2014.01.21	合同未终止	一致
3	F	20	合同押金	2014.01.23	合同未终止	一致
4	G	20	合同押金	2014.01.25	合同未终止	一致
5	H	15	合同押金	2014.01.26	合同未终止	一致
6	I	15	合同押金	2014.01.25	合同未终止	一致
7	J	30	合同押金	2014.01.26	合同未终止	一致
合计		135				

审计说明：

1. 根据应付款明细账核对合同等有关资料，结果一致；
2. 经函证交款单位，结果一致。

审计结论：该村应付款账实相符，真实、合理。

审计证据：

1. 复函7份；
2. 有关合同复印件；
3. 相关会计凭证复印件。

底稿 10

应付福利费审定表

单位：万元

被审计单位：华东村	编制人	林××	日期	2015.01.14	索引号	×
项目：应付福利费	复核人	毕××	日期	2015.01.15	页次	×

会计期间：2012.01.01—2014.12.31

项目		账面数			调整数			审定数		
		借方	贷方	差额(借方)	借方	贷方	差额	借方	贷方	差额(借方)
2012年	学校	5		5				5		5
	计生	2		2				2		2
	军烈属	3		3				3		3
	民兵治安	8		8				8		8
	五保困难户	2		2				2		2
	卫生医疗	5		5				5		5
	设施维护	5		5				5		5
	合计	30		30				30		30
	期初结存		150						150	
	收益提取		87						87	
	期末结存		207						207	
2013年	学校	5		5				5		5
	计生	2		2				2		2
	军烈属	3		3				3		3
	民兵治安	8		8				8		8
	五保困难户	2		2				2		2
	卫生医疗	5		5				5		5
	设施维护	5		5				5		5
	合计	30		30				30		30
	期初结存		207						207	
	收益提取		105						105	
	期末结存		282						282	

续表

项目		账面数			调整数			审定数		
		借方	贷方	差额（借方）	借方	贷方	差额	借方	贷方	差额（借方）
2014年	学校	7		7				7		7
	计生	2		2				2		2
	军烈属	3		3				3		3
	民兵治安	8		8				8		8
	五保困难户	2		2				2		2
	卫生医疗	6		6				6		6
	设施维护	7		7				7		7
	合计	35		35				35		35
	期初结存		282						282	
	收益提取		135						135	
	期末结存		382						382	
三年合计	学校	17		17				17		17
	计生	6		6				6		6
	军烈属	9		9				9		9
	民兵治安	24		24				24		24
	五保困难户	6		6				6		6
	卫生医疗	16		16				16		16
	设施维护	17		17				17		17
	合计	95		95				95		95
	期初结存		150						150	
	收益提取		327						327	
	期末结存		382						382	

审计说明：
  2012年1月1日至2014年12月31日应付福利费总支出为95万元，经审核，支出内容合理，会计处理正确。

审计结论：
  2012年1月1日至2014年12月31日应付福利费总支出为95万元，支出内容合理，会计处理正确。

审计证据：相关会计凭证复印件。

底稿 11

负债汇总审定表

单位：万元

被审计单位：华东村		编制人	杨××	日期	2015.01.17	索引号	×
项目：负债		复核人	林××	日期	2015.01.18	页次	×

会计期间：2012.01.01—2014.12.31

项　目	2012.01.01	2014.12.31			2014年比2011年增减	2014年比2011年增减百分比（%）
		账面数	调整数	审定数		
流动负债						
短期借款						
应付款	120	135		135	15	12.5
应付福利费	150	382		382	232	154.67
流动负债合计	270	517		517	247	91.48
长期负债						
长期借款及应付款						

审计说明：
　　2012年1月1日至2014年12月31日负债增加247万元，增长91.48%，其中应付款增加15万元，增长12.5%；应付福利费增加232万元，增长154.67%。

审计结论：
　　2012年1月1日至2014年12月31日应付款增加15万元，增长12.5%，增加内容合理，会计处理正确。

审计证据：
　　1. 会议记录复印件；
　　2. 调查记录1份；
　　3. 有关会计凭证复印件。

收益分配调整审定表

单位:万元

被审计单位:华东村			编制人	毕××		日期	2015.01.15	索引号		×
项目:收益分配			复核人	林××		日期	2015.01.16	页 次		×

会计期间:2012.01.01—2014.12.31

年份	账面数			调整数			审定数			合计
	2012	2013	2014	2012	2013	2014	2012	2013	2014	
一、总收入	1490	1780	2030				1490	1780	1990	5260
1. 经营收入	1450	1730	1930				1450	1730	1930	5110
2. 发包及上交收入										
3. 投资收益										
4. 其他收入	40	50	100			−40	40	50	60	150
二、总支出	95	120	145	329.7	388.9	422.9	424.7	508.9	567.9	1501.5
1. 经营支出	50	60	65	300	325	350	350	385	415	1150
2. 管理费用	40	50	60	9.7	18.9	27.9	49.7	68.9	87.9	206.5
3. 其他支出	5	10	20	20	45	45	25	55	65	145
三、本年收益	1395	1660	1885	−329.7	−388.9	−462.9	1065.3	1271.1	1422.1	3758.5
四、年初未分配收益	355	568	943		−329.7	−718.6	355	238.3	224.4	817.7
五、可分配收益	1750	2228	2828	−329.7	−718.6	−1181.5	1420.3	1509.4	1646.5	4576.2
1. 提取公积公益金	465	500	625				465	500	625	1590
2. 提取应付福利费	87	105	135				87	105	135	327
3. 农户分配	582	625	820				582	625	820	2027
4. 其他分配干部奖金	48	55	60				48	55	60	163
六、年末未分配收益	568	943	1188	−329.7	−718.6	−1181.5	238.3	224	6.5	6.5

续表

审计说明：
1. 经营支出、管理费用共调整1141.5万元：补计固定资产折旧1144万元（详见底稿2），调减不合理支出2.5万元（详见底稿4）。
2. 其他收入调减40万元（详见底稿2）。

审计结论：
2012年总收入1490万元，总支出424.7万元，收益为1065.3万元；2013年总收入1780万元，总支出508.9万元，收益为1271.1万元；2014年总收入1990万元，总支出567.9万元，收益为1422.1万元；本届总收入5260万元，总支出1501.5万元，收益为3758.5万元。

审计证据：相关报表（略）。

所有者权益审定表

单位：万元

被审计单位：华东村	编制人	杨××	日期	2015.01.17	索引号	×
项目：资产负债	复核人	林××	日期	2015.01.18	页次	×

会计期间：2012.01.01—2014.12.31

项目	2012.01.01	2014.12.31			2014年比2011年增减	2014年比2011年增减百分比（%）
		账面数	调整数	审定数		
资本	1600	1600		1600	0	0.00
公积金	3760	4820		4820	1060	28.19
公益金	450	980		980	530	117.78
土地基金	200	500		500	300	150.00
未分配收益	355	1188	-1181.5	6.5	-348.5	-98.17
所有者权益合计	6365	9088	-1181.5	7906.5	1541.5	24.22

审计说明：
1. 2012年1月1日至2014年12月31日公积金增加1060万元，公益金增加530万元，土地基金增加300万元。
2. 调减未分配收益1181.5万元，其中因补计固定资产折旧和调减其他收入而调减1184万元（详见底稿2），因调减管理费用而调增2.5万元（详见底稿4）。

续表

审计结论： 2014年12月31日所有者权益为7906.5万元，比2012年1月1日增加1541.5万元，增长24.22%。	
审计证据： 1.《累计折旧计算表》； 2.2011年至2014年资产负债表。	

底稿14

经营业绩汇总审定表（收益及分配）

单位：万元

被审计单位：华东村	编制人	毕××	日期	2015.01.16	索引号	×
项目：经营业绩	复核人	林××	日期	2015.01.17	页次	×
会计期间：2012.01.01－2014.12.31						

项　目	上届 2011	2012年		2013年		2014年		合计	
		金额	比上年增减(%)	金额	比上年增减(%)	金额	比上年增减(%)	金额	比上届增减(%)
一、总收入	3670 1255	1490	18.73	1780	19.46	1990	11.80	5260	43.32
1. 经营收入	3540 1230	1450	17.89	1730	19.31	1930	11.56	5110	44.35
2. 其他收入	130 25	40	60.00	50	25.00	60	20.00	150	15.38
二、总支出	1405 390	424.7	8.90	508.9	19.83	567.9	11.59	1501.5	6.87
1. 经营支出	1105 325	350	7.69	385	10.00	415	7.79	1150	4.07
2. 管理费用	190 45	49.7	10.44	68.9	38.63	87.9	27.58	209	10.00
3. 其他支出	110 20	25	25.00	55	120.00	65	18.18	145	31.82
三、本年收益	2265 865	1065.3	23.16	1271.1	19.32	1422.1	11.88	3758.5	65.94
四、年初未分配收益	250 240	355	47.92	238.3	−32.87	224.4	−5.83	355	42.00
五、可分配收益	2515 1105	1420.3	28.53	1509.4	6.27	1646.5	9.08	4113.5	63.56
1. 提取公积公益	650 210	465	121.43	500	7.53	625	25.00	1590	144.62
2. 提取福利	210 75	87	16.00	105	20.69	135	28.57	327	55.71

续表

项目	上届	2011	2012年		2013年		2014年		合计	
			金额	比上年增减(%)	金额	比上年增减(%)	金额	比上年增减(%)	金额	比上届增减(%)
3.农户分配	1165	420	582	38.57	625	7.39	820	31.20	2027	73.99
年人均分配	0.24	0.26	0.36	38.46	0.39	8.33	0.51	30.77	0.42	75.00
4.其他分配（干部奖金）	135	45	48	6.67	55	14.58	60	9.09	163	20.74
六、年末未分配收益	355	355	238.3	-32.87	224.4	-5.83	6.5	-97.10	6.5	-98.17
七、费用率	39.69	31.71	28.50	-3.21	28.59	0.09	28.54	-0.05	28.55	-11.14

审计说明：2012年至2014年数据为审定后的数据（详见底稿13）。

审计结论：
　　本届与上届相比，总收入增长43.32%，总支出增长6.87%，纯收益增长65.94%；农户分配增长73.99%，人均分配增长75%，费用率（总支出/总收入）下降11.14%，经济效益明显提高。

审计证据：2009年至2014年收益分配表。

底稿15

经营业绩汇总审定表
（财务状况）

单位：万元

被审计单位：华东村	编制人	杨××	日期	2015.01.16	索引号	×
项目：经营业绩	复核人	林××	日期	2015.01.17	页次	×

会计期间：2012.01.01—2014.12.31

项目	2011.01.01	2014.12.31			2014年比2011年增减	2014年比2011年增减百分比（%）
		账面数	调整数	审定数		
资产						
流动资产：						
货币资金	350	435		435	85	24.29
短期投资				0	0	
应收款	235	210	2.5	212.5	-22.5	-9.57
内部往来				0	0	

续表

项 目	2011.01.01	2014.12.31			2014年比 2011年增减	2014年比2011年增减百分比（%）
		账面数	调整数	审定数		
库存物资				0	0	
产成品				0	0	
流动资产合计	585	645	2.5	647.5	62.5	10.68
长期资产：						
长期投资				0	0	
固定资产：						
固定资产原价	8550	11460	-40	11420	2870	33.57
减：累计折旧	2500	2500	1144	3644	1144	45.76
固定资产净值	6050	8960	-1184	7776	1726	28.53
固定资产清理				0	0	
在建工程				0	0	
固定资产合计	6050	8960	-1184	7776	1726	28.53
其他资产：						
无形资产				0	0	
递延资产				0	0	
其他长期资产				0	0	
其他资产合计				0	0	
资产总计	6635	9605	-1181.5	8423.5	1788.5	26.96
负债及所有者权益						
流动负债：						
短期借款				0	0	
应付款	120	135		135	15	12.50
内部往来				0	0	
应付福利费	150	382		382	232	154.67
流动负债合计	270	517		517	247	91.48
长期负债：						
长期借款及应付款				0	0	
所有者权益：						
资本	1600	1600		1600	0	0.00

续表

项 目	2011.01.01	2014.12.31			2014年比2011年增减	2014年比2011年增减百分比（%）
		账面数	调整数	审定数		
公积金	3760	4820		4820	1060	28.19
公益金	450	980		980	530	117.78
土地基金	200	500		500	300	150.00
未分配收益	355	1188	-1181.5	6.5	-348.5	-98.17
所有者权益合计	6365	9088	-1181.5	7906.5	1541.5	24.22
负债及所有者权益合计	6635	9605	-1181.5	8423.5	1788.5	26.96

审计说明：
1. 固定资产原值调减40万元（详见底稿2）。
2. 累计折旧调加1144万元（详见底稿2《累计折旧计算表》）。
3. 未分配收益调减1184万元（详见底稿2）。

审计结论：
2014年12月31日资产总额8423.5万元，负债总额517万元，净资产（所有者权益）7906.5万元，分别比2011年12月31日增加1788.5万元、247万元、1541.5万元，增长26.96%、91.48%、24.22%，实现了资产保值、增值。

审计证据：
1.《累计折旧计算表》；
2. 2011年至2014年资产负债表。

底稿16

干部工资、奖金、补助审定表

单位：万元

被审计单位：华东村		编制人	林××	日期	2015.01.14	索引号	×
项目：干部报酬		复核人	杨××	日期	2015.01.15	页次	×
会计期间：2012.01.01—2014.12.31							

	项目	工资	奖金	各项补助	合计
2012年	应发数	8	48	4	60
	实发数	8	48	4	60
	差额				

续表

项目		工资	奖金	各项补助	合计
2013年	应发数	8	55	4	67
	实发数	8	55	4	67
	差额				
2014年	应发数	8	60	4	72
	实发数	8	60	4	72
	差额				
三年合计	应发数	24	163	12	199
	实发数	24	163	12	199
	差额				

审计说明：

　　该村干部工资、奖金、各项补助计算正确，不需调整（详见《干部工资、奖金、补助计算表》）。

审计结论：

　　本届村干部应发工资24万元，实发24万元；应发奖金163万元，实发163万元；应发各项补助12万元，实发12万元。

审计证据：

　　"干部工资、奖金、补助计算表"、"干部工资、奖金、补助发放签收表"复印件。

底稿17

内部管理制度审定表

被审计单位：华东村	编制人	林××	日期	2015.01.12	索引号	×
项目：内部管理制度	复核人	毕××	日期	2015.01.14	页次	×

会计期间：2012.01.01—2014.12.31

审查项目	审查内容	审查结果	备注
1. 管理制度制订情况	各项制度是否建立健全	是	没有与法规相抵触的内容
2. 财务收支计划	是否制订、执行	是	
3. 财务收支制度	是否制订	是	
	是否执行	基本执行	
4. 民主决策制度	是否制订、执行	是	详见底稿3
5. 公开招投标制度	是否制订、执行	是	详见底稿3
6. 收益分配制度	是否制订、执行	是	

审查项目	审查内容	审查结果	备注
7. 财务公开制度	是否及时、全面	是	根据财务公开档案审查
8. 民主理财制度	是否及时、全面	是	根据民主理财记录本审查

审计说明:
　　审计人员根据账务记录核对财务公开档案、会议记录,并调查部分村民代表,结果表明,本届村委、经联社理事会能够建立健全财务管理制度,执行较好,办理经济业务内的程序完整、手续齐备。

审计结论:
　　本届村委、经联社理事会能够执行民主决策程序和民主管理规定。

审计证据:
　1. 会议记录复印件;
　2. 相关原始凭证复印件;
　3. 相关合同、文件复印件;
　4. 调查记录10份。

底稿18

主要经济指标完成情况审定表

单位:万元

被审计单位:华东村	编制人	林××	日期	2015.01.18	索引号	×
项目:经营目标	复核人	毕××	日期	2015.01.19	页次	×

会计期间:2012.01.01—2014.12.31

主要经济目标	内容					备注
	期初或上年数	期末或本年数	比上年增长数	增幅(%)	完成情况	
一、集体净资产情况						
1. 2012年	6365	7013	648	10.18	已完成	
2. 2013年	7013	7498	485	6.92	已完成	
3. 2014年	7498	7904	406	5.41	已完成	
本届合计			1539	24.14		
二、集体经济总收入						
1. 2012年	1255	1490	235	18.73	已完成	
2. 2013年	1490	1780	290	19.46	已完成	

续表

主要经济目标	内容					备注
	期初或上年数	期末或本年数	比上年增长数	增幅（%）	完成情况	
3. 2014 年	1780	2030	250	14.04	已完成	
4. 本届合计	3670	5260	1590	43.32	已完成	
三、集体经济纯收入情况						
1. 2012 年	865	1065.3	200.3	23.16	已完成	
2. 2013 年	1065.3	1271.1	205.8	19.32	已完成	
3. 2014 年	1271.1	1421.1	150	11.80	已完成	
4. 本届合计	2265	3758.5	1493.5	65.94	已完成	
四、社员分红收入情况					单位：元/（年·人）	
1. 2012 年	2600	3600	1000	38.46	已完成	
2. 2013 年	3600	3900	300	8.33	已完成	
3. 2014 年	3900	5100	1200	30.77	已完成	
4. 本届合计	2400	4200	1800	75.00	已完成	

审计说明：

1. 净资产根据底稿 15 取得，本届净资产总增长 1539 万元，总增幅 24.14%，完成社员代表大会表决通过的增长任务。

2. 集体经济总收入根据已审定收益及收益分配表取得，本届集体经济总收入 5260 万元，比上一届增加 1590 万元，增长 43.32%，完成社员代表大会表决通过的任务。

3. 集体经济纯收入、社员分红收入根据已审定收益及收益分配表取得，本届集体经济纯收入 3758.5 万元，比上一届增加 1493.5 万元，增长 65.94%，年人均分配 4200 元，比上一届增加 1800 元，增长 75.00%，完成任务。

审计结论：

本届已完成净资产、集体经济总收入、集体经济纯收入、社员分红等规划目标任务。

审计证据：

1. 已审定的各期资产负债表；
2. 已审定的各期收益及收益分配表；
3. 已审定的各期应付福利费明细表；
4. 各年工作目标计划复印件；
5. 相关会议记录复印件；
6. 任期经济目标责任书复印件。

六、审计报告和审计意见

（一）审计报告

关于华东村换届审计的报告

××镇人民政府：

根据×审通字〔2015〕1号审计通知书，我们于2015年1月10日至1月20日对华东村进行了换届审计。在审计过程中，我们实施了包括抽查会计记录、实物盘点、比较分析等必要的审计程序，现将审计情况报告如下：

一、基本情况

华东村委会、经联社理事会是两块牌子一套人马，合设1套账，全村人口1608人，只有村级经济核算，没有下设经济社，经济收入以厂房、商铺出租为主。

二、审计情况

（一）财务制度建立健全、执行情况

该村能够根据农村集体资产管理的有关规定，结合本村实际，建立了比较完善的内部控制制度，能够执行财务管理制度，执行民主决策程序和民主管理规定，能按时进行财务公开，公开内容完整规范（详见附件4）。

（二）货币资金收支情况

2012年1月1日至2014年12月31日货币资金总收入为5640万元，其中，厂房租金1900万元，商铺租金3200万元，征地款300万元；总支出为4825万元，其中购建固定资产支出2180万元，经营支出175万元，管理费用150万元，福利费用95万元，年终分配2190万元；收支结余85万元。2014年12月31日货币资金余额为435万元，账实相符（详见附件3）。

（三）工程项目支出情况

2012年1月1日至2014年12月31日工程支出共2910万元，其中厂房、商铺2030万元，小学教学楼250万元，村道建设250万元，建办公楼380万元。工程项目均有召开村民会议或村民代表会议进行民主决策，实行公开招投标，并经民主理财小组审核（详见附件4）。

（四）厂房、商铺租金兑现情况

2012年1月1日至2014年12月31日应收租金5110万元，实收租金4915万元，未收租金195万元，厂房、商铺租金兑现率为96.18%（详见附件5）。

（五）收益和收益分配情况

1. 收益情况。2012年1月1日至2014年12月31日，总收入5260万元，比上届增长43.32%；纯收益3758.5万元，比上届增长65.94%。各年收益情况依次为：2012年总收入1490万元，总支出424.7万元，纯收益为1065.3万元；2013年总收入1780万元，总支出508.9万元，纯收益为1271.1万元；2014年总收入

1990万元，总支出567.9万元，纯收益为1422.1万元（详见附件6）。

2. 收益分配情况。2012年1月1日至2014年12月31日可分配收益4113.5万元，比上届增长63.56%；提取公积公益金1590万元，比上届增长144.62%；提取福利费327万元，比上届增长55.71%；农户分配2027万元，比上届增长73.99%，年人均分配0.42万元，比上届增长75.0%，其他分配（干部奖金）163万元，比上届增长20.7%，2014年12月31日未分配收益6.5万元（详见附件7）。

（六）资产负债情况

2014年12月31日资产总额8423.5万元，负债总额517万元，净资产（所有者权益）7906.5万元，分别比2011年12月31日增加1788.5万元、247万元、1541.5万元，增长26.96%、91.48%、24.22%，实现了资产保值、增值（详见附件8）。

（七）干部工资、奖金、补助

2012年1月1日至2014年12月31日村干部应付工资24万元，实付工资24万元，应付奖金163万元，实付奖金163万元，应付各项补助12万元，实付12万元（详见附件9）。

三、存在问题

（一）部分支出违反《××镇农村集体经济组织财务制度》的规定

1. 村干部开年利是3笔9000元、村干部外出参观补助1笔6000元共15000元。

2. 利用公款购置手机2000元。

3. 修路补青苗费500元没有审批、没有收款人签收。

4. 村主任办事费5000元用途不清楚。

5. 失窃损失现金3500元全额报销（只能报销1000元，应由出纳负责2500元）。

6. 接待餐费3000元没有取得发票而自制现金支出证明单。

（二）个别报销单据手续不完善

1. 2013年4月15日支出村民代表会议误工补助1000元，没有与会人员签收。

2. 2013年7月25日支出填土工程款100000元，发票没有收款单位印章。

（三）个别业务会计处理不规范

1. 将商铺拆迁补偿500000元全部作为其他收入，没有进行固定资产的会计处理。

2. 2012年1月1日至2014年12月31日没有计提固定资产折旧1184万元。

四、意见和建议

针对上述审计中发现的存在问题，提出以下处理意见和建议：

（一）违反《××镇农村集体经济组织财务制度》规定的支出共28000元，当

事人应退款

1. 村干部开年利是3笔9000元、村干部外出参观补助1笔6000元共15000元均违反《××镇农村集体经济组织财务制度》第×条关于"村干部不得收取会议费、出差补助、节日补助"的规定，当事人应退款。

2. 根据《××镇农村集体经济组织财务制度》第×条关于"村干部不得利用公款购置通信工具"的规定，用公款购置手机2000元，当事人应退款。

3. 《××镇农村集体经济组织财务制度》第×条规定：报销手续必须齐全，要有经手人、审批人、证明人，且用途清楚，否则谁支出谁负责。修路补青苗费500元没有审批、没有收款人签收，以及村主任办事费5000元用途不清楚，违反上述规定，当事人应退款。

4. 《××镇农村集体经济组织财务制度》第×条规定：库存现金不得超过1000元，否则，若发生意外，超过部分由出纳负责。被窃损失现金3500元，只能报销1000元，余2500元由出纳负责。

5. 《××镇农村集体经济组织财务制度》第×条规定：应当取得收款单位的收款票据而自制现金支出证明单的，视为无效单据。接待餐费3000元没有取得发票而自制现金支出证明单，当事人应退款。

（二）完善报销手续

1. 经查阅会议记录和调查部分村民代表，2013年4月15日支出会议费属实，但手续不完善，应补办手续。

2. 经查阅填土工程合同及结算资料和函证施工单位，2013年7月25日支出工程款费属实，但票据内容不完整，应补办手续。

（三）规范会计处理

1. 商铺拆迁补偿500000元不能全部作为其他收入，应进行调整。调整会计分录为：

（1）借：银行存款　　　　　　　500000
　　　　贷：其他收入　　　　　　　　　500000
（2）借：银行存款　　　　　　　500000
　　　　贷：其他收入　　　　　　　　　100000
　　　　　　固定资产——××商铺　　400000

2. 应补提固定资产折旧1184万元。

附件：

1. 《财务收支和会计处理审核表》；
2. 《固定资产折旧计算表》；
3. 《货币资金收支审核表》；
4. 《华东村工程项目资金使用情况审定表》；
5. 《厂房、商铺租金兑现情况审定表》；

6.《收益分配调整审定表》；

7.《收益分配分析审定表》；

8.《资产负债审定表》；

9.《干部工资、奖金、补助审定表》；

10.《财务管理制度审查表》。

审计组长：王××
二〇一五年一月二十日

（二）审计意见交换书

在审计报告初稿完成的次日，审计组召开了华东村干部、民主理财小组成员、部分村民代表会议，就审计报告初稿进行了口头交换意见。根据口头交换意见，将审计报告初稿作了进一步的修改。2015年1月27日，审计员林××将审计报告征求意见通知书传交给华东村，并取得了送达回执。

审计报告征求意见通知书

华东村委会：

根据《广东省农村集体经济审计条例》第十七条的规定，现将对你单位换届审计的报告送给你们征求意见。请在收到审计报告之日起10日内提出书面意见，送交我县农村集体经济审计办公室。如果在规定期限内没有提出书面意见，视为无异议。

附：审计报告

××审计组
二〇一五年一月二十七日

（三）审计意见书

××镇农村集体经济审计办公室
审计意见书
×农审意〔2015〕1号

关于对华东村换届审计的意见

华东村委会：

2015年1月10日至20日，我办对你单位进行换届审计。审计过程中得到了你单位积极支持和配合，工作进展顺利。根据《广东省农村集体经济审计条例》第十八条和有关财经法规的规定，现提出如下审计意见：

一、审计评价

经审计，华东村在管理方面能够建立相关的财务管理制度、民主理财制度、民主议事制度、村务公开制度等制度，基本做到民主决策、民主管理，重大事项经村民代表会议讨论决定，工程项目实行公开招投标。华东村本届领导班子能积极发展集体经济，不断壮大集体经济实力。2014年12月31日村集体资产总额8423.5万元，负债总额517万元，净资产（所有者权益）7906.5万元，分别比2011年12月31日增加1788.5万元、247万元、1541.5万元，增长26.96%、91.48%、24.22%，实现了资产保值、增值。2012年1月1日至2014年12月31日总收入5260万元，比上届增长43.32%；纯收益3758.5万元，比上届增长65.94%；费用率（总支出/总收入）下降10.26%，经济效益明显提高。本届农户分配总额为2027万元，比上届增长73.99%；年人均分配0.42万元，比上届增长75.0%。

二、存在问题与处理意见

审计中发现了一些问题，应当加以纠正和改进。

（一）违反《××镇农村集体经济组织财务制度》规定的支出共28000元，当事人应退款

1. 村干部开年利是3笔9000元、村干部外出参观补助1笔6000元共15000元。根据《××镇农村集体经济组织财务制度》第×条关于"村干部不得收取会议费、出差补助、节日补助"的规定，责令当事人10天内退清款项。

2. 利用公款购置手机2000元。根据《××镇农村集体经济组织财务制度》第×条关于"村干部不得利用公款购置通信工具"的规定，责令当事人10天内退清款项。

3. 修路补青苗费500元没有审批、没有收款人签收以及村主任办事费5000元用途不清楚。根据《××镇农村集体经济组织财务制度》第×条关于"报销手续必须齐全，要有经手人、审批人、证明人，且用途清楚，否则谁支出谁负责"的规定，责令当事人10天内退清款项。

4. 被窃损失现金3500元，全部公款报销。根据《××镇农村集体经济组织财务制度》第×条关于"库存现金不得超过1000元，否则，若发生意外，超过部分由出纳负责"的规定，被窃损失现金3500元，只能报销1000元，责令当事人10天内退清款项2500元。

5. 接待餐费3000元没有取得发票而自制现金支出证明单。根据《××镇农村集体经济组织财务制度》第×条关于"应当取得收款单位的收款票据而自制现金支出证明单的，视为无效单据"的规定，责令当事人10天内退清款项。

（二）个别业务报销手续不完善，应当补办手续

1. 2013年4月15日支出村民代表会议误工补助1000元，没有与会人员签收。经查阅会议记录和调查部分村民代表，2013年4月15日支出会议费属实，但手续不完善，应补办手续。

2. 2013年7月25日支出填土工程款100000元，发票没有收款单位印章。经

查阅填土工程合同及结算资料和函证施工单位，2013年7月25日支出工程款属实，但票据内容不完整，应补办手续。

（三）个别业务会计账务处理不规范，应当调整

1. 商铺拆迁补偿 500000 元全部作为其他收入。根据《村合作经济组织会计制度（试行）》的有关规定，应进行账务调整。调整会计分录为：

（1）借：银行存款　　　　　　500000
　　　　贷：其他收入　　　　　500000

（2）借：银行存款　　　　　　500000
　　　　贷：其他收入　　　　　100000
　　　　　　固定资产——××商铺　400000

2. 2012年1月1日至2014年12月31日期间没有计提固定资产折旧。根据《村合作经济组织会计制度（试行）》的有关规定，应补提固定资产折旧1184万元。

请你单位将整改情况于收到本意见书后一个月内函告我办。

附：审计报告

××审计办（公章）
二〇一五年二月五日

主题词：农村　审计　意见

××镇农村集体经济审计办公室　　　　　2015年2月5日印发

印 5 份

七、审计注意事项

在农村换届审计中应注意以下审计事项：

（1）审计中必须贯彻客观公正原则。
（2）资金的来源和去向，尤其是货币资金方面，必须详细审计。
（3）重大财务事项的民主讨论决策程序履行情况。
（4）财务收支的合法性、真实性。
（5）经营业绩及增长分析。
（6）财务状况及变动结果分析。
（7）干部工资报酬情况。
（8）如进行了年度审计，须结合其审计结果进行。